移动社交媒体环境下用户持续信息共享行为研究

霍 亮 著

南开大学出版社

天 津

图书在版编目(CIP)数据

移动社交媒体环境下用户持续信息共享行为研究 /
霍亮著. — 天津：南开大学出版社，2024. 7. — ISBN
978-7-310-06620-9

Ⅰ. G206.2

中国国家版本馆 CIP 数据核字第 2024MH7545 号

移动社交媒体环境下用户持续信息共享行为研究
YIDONG SHEJIAO MEITI HUANJING XIA YONGHU
CHIXU XINXI GONGXIANG XINGWEI YANJIU

南开大学出版社出版发行
出版人：刘文华
地址：天津市南开区卫津路 94 号　　邮政编码：300071
营销部电话：(022)23508339　营销部传真：(022)23508542
https://nkup.nankai.edu.cn

天津午阳印刷股份有限公司印刷　全国各地新华书店经销
2024 年 7 月第 1 版　　2024 年 7 月第 1 次印刷
240×170 毫米　16 开本　12.25 印张　2 插页　201 千字
定价：75.00 元

如遇图书印装质量问题,请与本社营销部联系调换,电话:(022)23508339

前　言

随着移动互联网络的广泛应用，用户信息共享活动开始从传统社交媒体转移到移动社交媒体中。然而相关研究表明用户最初的接受并不能使其持续使用，持续使用才是信息系统成功的标志，用户持续信息共享是移动社交媒体可持续发展的必要条件。在移动社交媒体中，个人用户通过信息获取、贡献和交互行为，来维持、加强或重构已有的社交关系。因此，构建移动社交媒体环境下用户持续信息共享行为模型，从而解释和促进用户持续信息共享行为，提高信息共享的质量并增强用户黏性，是移动社交媒体必须面临和解决的问题，此问题研究具有较高的学术价值和实践意义。产业界已经开始关注用户持续信息共享行为对移动社交媒体的影响，学术界对此问题的研究仍相对匮乏。因此，本研究基于此社会现实问题，按照"提出问题—理论构建—实证研究—实践启示"的逻辑思路，借鉴信息系统持续行为的理念，引入使用与满足理论、感知价值理论、感知风险理论、社会资本理论、社会认知理论、信息系统成功模型，又经过质性研究，构建移动社交媒体环境下用户持续信息共享行为模型。采用调查问卷的方法收集数据，并用结构方程模型等统计方法检验模型，根据分析结果解释用户持续信息共享行为的规律，并在此基础上积极探索促进用户持续信息共享行为的对策，从而促进我国移动社交媒体健康发展。本研究完成了以下四部分工作。

第一部分，通过对现有研究资料的总结与整理，结合社会现实提出研究问题。选取和介绍本研究的理论，并作为理论基础，进而提出研究思路和技术路线图。

第二部分，移动社交媒体环境下用户持续信息共享行为模型构建。为了科学、有效地构建用户持续信息共享行为模型，本研究首先从理论和实践两个层面展开，在理论基础上演绎出可能影响用户持续信息共享行为的因素，从用户使用体验中归纳出影响因素，两者进行对比分析，找到关键影响因素。确定了信息质量、系统质量、满意度、心流体验、习惯、期望确认、信息技术（IT）自我效能、感知有用性、感知风险、信任、社会支持与链接、主观规范、感知价值、移动社交媒体特性 14 个影响因素。然后，参考已有研究中的相关结论，推理其在移动社交媒体应用环境下的作用共享，并构建行为模型，进而提出研究假设。

第三部分，实证研究。按照实证研究过程，对研究对象、研究方法、研究步骤进行说明。首先在小范围内进行问卷预测试、专家访谈、信度和效度检验，保证问卷内容的一致性和有效性，修正后生成正式调查问卷。其次，大范围发放正式调查问卷，采取抽样方式发放问卷并回收数据；对收集到的数据使用 SPSS 和 Smart PLS 进行全面统计分析和结构方程模型分析，结果表明模型拟合度良好，可以接受，并对数据分析结果进行解释。

第四部分，在对移动社交媒体环境下用户持续信息共享行为的规律分析和解释的基础上，提出实践启示与策略。从环境维度、认知维度、技术维度、体验维度四个方面解释用户持续信息共享行为的规律，为促进移动社交媒体发展，提高用户黏性，提出了移动社交媒体产品设计、市场管理和用户引导三个方面的策略。

本研究分析了移动社交媒体环境下用户持续信息共享行为的机理，构建了移动社交媒体环境下用户持续信息共享行为模型，与现实拟合度良好。本研究的主要创新点和贡献有三点。第一，探索了移动社交媒体用户持续信息共享行为机理。第二，发现了影响移动社交媒体环境下用户持续信息共享行为的关键因素，构建了移动社交媒体环境下用户持续信息共享行为模型。第三，梳理模型中各因素之间的影响力，总结了移动社交媒体用户信息共享的规律，提出了产品设计、市场管理和用户引导方面的实践启示，以支持移动社交媒体服务运营商、管理机构和个人用户的选择决策。

霍　亮

2024 年 6 月

目　录

第1章　绪　论 ……………………………………………………… 1

　1.1　研究背景与研究问题 …………………………………… 1

　1.2　研究意义 ………………………………………………… 6

　1.3　概念界定 ………………………………………………… 7

　1.4　思路及方法 ……………………………………………… 13

　1.5　研究内容及技术路线图 ………………………………… 15

　1.6　研究创新点 ……………………………………………… 18

　1.7　本章小结 ………………………………………………… 19

第2章　相关研究现状与述评 …………………………………… 20

　2.1　移动社交媒体研究 ……………………………………… 20

　2.2　信息共享行为研究 ……………………………………… 22

　2.3　IS/IT 用户持续行为研究 ……………………………… 25

　2.4　移动社交媒体环境下用户持续信息共享行为研究 …… 29

　2.5　IS/IT 用户行为模型综述 ……………………………… 31

　2.6　研究述评 ………………………………………………… 42

　2.7　本章小结 ………………………………………………… 43

第3章　移动社交媒体环境下用户持续信息共享行为理论研究 … 44

　3.1　移动社交媒体环境下用户持续信息共享行为机理 …… 44

　3.2　移动社交媒体环境下用户持续信息共享行为理论基础 … 56

　3.3　本章小结 ………………………………………………… 65

第4章　移动社交媒体环境下用户持续信息共享行为影响因素 … 66

　4.1　用户持续信息共享行为影响因素理论研究 …………… 66

　4.2　用户持续信息共享行为影响因素质性研究 …………… 77

　4.3　本章小结 ………………………………………………… 85

第5章 移动社交媒体环境下用户持续信息共享行为模型构建 ………… 86

  5.1 模型适用条件 …………………………………………… 86

  5.2 模型构建 ………………………………………………… 87

  5.3 研究假设 ………………………………………………… 89

  5.4 变量释义与测试题项 …………………………………… 94

  5.5 本章小结 ………………………………………………… 102

第6章 移动社交媒体环境下用户持续信息共享行为模型实证研究 … 104

  6.1 问卷设计 ………………………………………………… 104

  6.2 信度和效度检验 ………………………………………… 105

  6.3 数据收集与初步分析 …………………………………… 113

  6.4 重复测量方差分析 ……………………………………… 117

  6.5 结构方程模型分析 ……………………………………… 125

  6.6 数据分析结果讨论 ……………………………………… 133

  6.7 本章小结 ………………………………………………… 137

第7章 研究总结、实践启示与展望 ………………………………… 139

  7.1 研究结论与讨论 ………………………………………… 139

  7.2 理论贡献 ………………………………………………… 142

  7.3 实践启示 ………………………………………………… 144

  7.4 研究局限性及展望 ……………………………………… 148

参考文献 ……………………………………………………………… 150

附录1 移动社交媒体环境下用户持续信息共享行为访谈大纲 ……… 183

附录2 移动社交媒体环境下用户持续信息共享行为研究正式
调查问卷 ……………………………………………………… 185

第1章　绪　论

伴随着 5G 用户数量的快速增长以及智能手机的快速普及，移动互联网络进入快速增长期，其中社交媒体类应用的增长又非常显著。国内外以脸书（Facebook）、推特（Twitter）、微信等为代表的新兴社交媒体在移动互联网的背景下蓬勃发展：各种类型信息共享，地理位置等实时社交功能、应用层出不穷。2022 年，中国移动社交网民占社交网民比例接近 90.0%。[1]移动社交媒体（mobile social media）具有移动性、高效性的特质，已经成为用户信息共享的重要平台。信息系统（IS）成功的并不是信息系统的最初接受（initial acceptance），关键是如何确保这个系统能够长期保持成功状态。必须重点关注信息系统的持续使用，确保其在实际操作中的可行性并维持信息系统的长期成功。[2]在移动社交媒体中，个人用户通过信息的获取、贡献和交互行为来维持、加强或重构已有的社交关系。因此，如何构建移动社交媒体环境下用户持续信息共享行为模型，从而解释和促进用户持续信息共享行为，提高信息共享的质量并增强用户黏性，是移动社交媒体必须面临和解决的问题。

1.1　研究背景与研究问题

1.1.1　研究背景

1.1.1.1　泛在移动网络环境形成：用户持续信息共享环境发生变化

计算机学者 Mark Weiser 首次提出了泛在网络，其特征是"无所不在、无所不包、无所不能"。2009 年，国际电信联盟电信标准化部（ITU-T）提

---

[1] 艾瑞咨询. 2022 年中国移动社交系列研究报告—产业篇. http://www.iresearch.com.cn/report/2651.html.

[2] Limayem M, Hirt S G, Cheung C M K. How Habit Limits the Predictive Power of Intention: The Case of Information Systems Continuance. Mis Quarterly, 2007, 31(4):705-737.

出了泛在网络的特征，为任何用户随时随地提供个性化服务[1]。

根据英国数字媒体研究机构维奥思社（We Are Social）发布的数据显示，截至 2021 年底，全球唯一移动终端用户数达 52.2 亿人，普及率达 66.6%；全球通过移动终端登录社交媒体的用户数量增长了 26.0%，共 38.6 亿人，占全球人口的 34.0%。[2]手机不只是通信工具，对很多人来说手机是很重要的设备，它让人们访问丰富的信息进行娱乐，不管何时何地信息都信手可得。因此，手机占网络流量的份额持续增长。

国内社交媒体用户的总量增长迅速。截至 2021 年 6 月，我国网民规模达 10.1 亿，较 2020 年 12 月增长 2175 万，互联网普及率达 71.6%。[3]艾瑞咨询调研数据显示，中国移动社交用户规模已然达到 9.7 亿，80.8%的移动社交用户选择至少每周发布 1 次个人动态，每周发布 1～3 次是常态。[4]

1.1.1.2 SoLoMo：从概念走向应用

腾讯创始人马化腾早在 2010 年就表示，用户的分享、社交、沟通、阅读、娱乐等是未来移动互联网发展的重点，SoLoMo 是重要的表现形式，即社交的（social）、本地的（local）、移动的（mobile）。著名创投家 John Doerr 在 2011 年 2 月也将这三种服务的融合称为 SoLoMo，并概括为四个特点：移动性，基于情境，依靠移动设备，开放平台。[5]

联合广场创业投资公司（Union Square Ventures）的 Fred Wilson 还为 SoLoMo 补充了 Clo 和 Glo，即云服务内容（cloud）和全球化（global），个人所需的全部数据、资料，特别是影片和音乐，通过 3G 和 4G 网络传输，可实现云存储和调用，而无须个人保有及终端存储。全球化则体现在了所有公司和个人身上，如推特、谷歌这些企业的用户有 80.0%以上都来自美国以外的地区，在移动社交媒体角度跨越国境的信息共享正变得更加容易。

通过移动终端和移动互联网，用户可以一直保持在线（社交媒体），同

[1] ITU-T. Overview of Ubiquitous Networking and of Its Support in NGN. https://weibo.com/ttarticle/p/show?id=2309404601972295860429&comment=1.

[2] Digital in 2017 Global Overview. https://finance.sina.cn/tech/2021-08-27/detail-ikqcfncc5168999.d.html?fromtech=1.

[3] 第 48 次中国互联网络发展状况统计报告（全文）https://baijiahao.baidu.com/s?id=1704525338652369834&wfr=spider&for=pc.

[4] 艾瑞咨询. 2021 年中国移动社交用户洞察报告. http://wreport.iresearch.cn/uploadfiles/reports/636348503560786447.pdf.

[5] Michael Boland, Discovering the Right SoLoMo Formula, Search Engine Watch, March 11, 2011.

样，个人的大部分社会关系也可以一直保持在线状态，他们之间可以随时进行信息共享并响应。这种信息共享与响应，有着电话、电子邮件、信函、网页、电波等传播方式所不具备的特点。个人和组织可以通过 SoLoMo 的社交媒体信息共享，打通线上社会和线下社会两个空间，形成线上社会/线下社会（online to offline）的同步存在与同步互动。[1]

1.1.1.3　移动社交媒体环境下用户持续信息共享行为研究日益重要

移动网络环境给用户信息共享带来了巨大的变革，在新的信息共享环境下，新的信息共享模式不断涌现。移动社交媒体作为近年来兴起的新的信息技术，其对用户信息共享的影响日益显现，用户通过使用移动社交媒体与朋友互动，了解新闻热点，关注感兴趣的内容，分享信息、经验和见解。[2]微信是移动社交媒体的代表，截至 2021 年 12 月微信全球共计 12.9亿月活用户；50.0%的用户每天使用微信超过 90 分钟，微信典型用户消息的发送次数，日均 74 次；近六成用户新增好友来自职场，微信整体关系已经从熟人社交向"泛社交"转变。[3]

可以看出，通过信息共享的方式完成人与人之间的交流与沟通以及自我表达，已经成为移动社交媒体应用中的重要现象。同时，大量研究[4][5][6][7][8]表明个体的持续信息共享行为能够提高移动社交媒体用户活跃度和用户黏性，提高用户信息共享的质量和效果，对移动社交应用的生存和发展具有重要影响。但是，目前对移动社交媒体环境下用户持续信息共享行为的研究较少，已有的理论和模型不足以解释移动社交媒体环境下用

---

[1] Thomas Claburn, Google Defines Social Strategy, Information Week, May 6, 2011.

[2] CNNIC. 2020 年中国社交应用用户行为研究报告. http://www.cnnic.net.cn/hlwfzyj/hlwxzbg/sqbg/201604/P020160722551429454480.pdf.

[3] 企鹅智酷. 2021 微信用户&生态研究报告. https://max.book118.com/html/2021/0214/8025105115003047.shtm.

[4] Syn S Y, Oh S. Why Do Social Network Site Users Share Information on Facebook and Twitter?. Journal of Information Science, 2015, 41(5):67-74.

[5] Chung N，Nam K，Koo C. Examining Information Sharing in Social Networking Communities: Applying Theories of Social Capital and Attachment. Telematics & Informatics, 2016, 33(1):77-91.

[6] 赵大丽, 孙道银, 张铁山. 社会资本对微信朋友圈用户知识共享意愿的影响研究. 情报理论与实践，2016，39(3):102-107.

[7] 熊淦, 夏火松. 组织承诺对微博社区成员知识共享行为的影响研究. 情报杂志，2014,33(1):128-134.

[8] 金晓玲, 房园, 周中允. 探究微博用户原创信息分享行为—基于冲动行为视角. 情报学报, 2016, 35(7):739-748.

户持续信息共享行为。

1.1.2　问题提出

经过将近 20 年的演变，社交媒体正在向着移动化、多元化、兴趣化不断发展。2011 年移动互联网开始快速发展，其移动性和高效性的优势使得大型社交网站纷纷开始布局移动端；随着时间的推移，移动社交已超越社交网站，占据主导地位（见图 1-1）。

中国社交网络发展历程

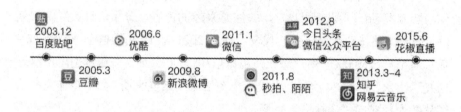

图 1-1　中国社交网络发展历程

综上所述，从行业发展需求来看，发现用户对移动社交媒体信息持续共享的态度和行为，并据此制定提高移动社交媒体环境下用户持续信息共享活跃度和忠诚度的相关策略，是十分重要和迫切的；从信息技术研究来看，探索用户持续信息共享行为，提高信息系统的使用效率，解决"信息技术"与"价值"悖论问题，是信息管理领域的重要研究内容；从现有研究成果来看，对移动社交媒体环境下用户持续信息共享的研究较少，已有理论对移动社交媒体环境下用户持续信息共享的解释力匮乏，缺少针对性。基于以上分析，有必要对移动社交媒体环境下用户持续信息共享行为理论进行深入研究，了解用户持续信息共享的行为过程、行为机理、行为影响因素和各因素之间的相互关系，构建移动社交媒体环境下用户持续信息共享行为模型，解释和预测用户行为规律，从而为移动社交媒体的可持续发展提供理论决策依据。基于理论和现实的需求，本研究提出以下几个研究问题。

（1）移动社交媒体的概念和特征是什么？它与传统社交媒体有哪些异同？它给用户带来哪些效用？移动社交媒体环境下用户持续信息共享的动机是什么？

对移动社交媒体的概念进行清晰的界定，对其特征、与个人计算机（PC）端社交媒体的异同的梳理是本研究的重要支撑。通过对移动社交媒体的概念与特征进行梳理，本研究认为移动社交媒体作为新兴的信息共享工具，尚未形成统一的概念和认识，在对移动社交媒体的概念进行列举和总结的基础上，对移动社交媒体的相关概念进行界定和辨析，从而对移动社交媒体有一个全面的认识。分析移动社交媒体特征以及其与 PC 端的区别，利用相关理论，揭示移动社交媒体环境下用户持续信息共享行为的机理。对移动社交媒体环境下用户持续信息共享行为的含义、过程、特征的分析与总结，为深入研究用户持续信息共享行为提供了系统视角。

（2）移动社交媒体环境下用户持续信息共享的关键影响因素是什么？如何确定影响用户持续信息共享的关键要素？各要素之间的相互作用关系是什么？如何以关键要素为基础构建理论模型？

本研究认为，移动社交媒体是一种新兴的信息共享工具，具有传播速度快、可移动、便捷地共享信息等优势。而已有的理论和模型在移动社交媒体的背景下，对用户持续信息共享行为缺乏解释力。本研究将依据相关理论，结合移动社交媒体环境下用户持续信息共享的特点，从认知维度、体验维度、环境维度、技术维度四个维度提出影响移动社交媒体环境下用户持续信息共享的因素，并将影响因素概念化、系统化、结构化、简洁化，构建移动社交媒体环境下用户持续信息共享行为模型。

（3）如何合理且准确地收集数据？如何通过实证解释用户持续信息共享行为？

分析并归纳、总结得出移动社交媒体环境下用户持续信息共享行为的关键影响因素，以影响因素为基础构建移动社交媒体环境下用户持续信息共享行为模型，提出移动社交媒体环境下用户持续信息共享的影响因素的假设关系，用户数据的收集采用问卷的方式，然后进行实证分析，验证模型的解释力，深层次解释用户持续信息共享行为。

（4）移动社交媒体环境下用户持续信息共享的行为规律有哪些？以我国为背景的实证研究，上述行为规律对我国移动社交媒体的运营商、管理机构和终端用户有哪些启示？

经过模型构建和实证的科学范式研究，解释移动社交媒体环境下用户持续信息共享行为的规律，将研究发现进一步呈现，提出移动社交媒体产品设计、市场管理和终端用户引导三个维度的优化策略和措施，提出推动市场发展和保障市场健康发展的策略建议。这些策略和措施可以提高用户持续信息共享的频率和质量，更好地保护用户的隐私和信息安全，以便于用户持续地使用移动社交媒体进行信息共享，从而提高信息共享与传播利用的水平，进而促进信息共享活动的开展和知识创新。

1.2 研究意义

1.2.1 理论意义

第一，丰富了移动社交媒体环境下用户持续行为研究理论。持续行为是信息资源管理学科的热门研究方向，用户对信息系统的持续行为决定了信息系统实施的成败，因此显得尤为重要。但是，对于移动社交媒体这一新兴领域的用户持续信息共享行为研究处于起步阶段，本研究将丰富这个领域的研究。目前专门针对用户持续信息共享行为的研究，还相对较少。相应地，也就缺乏解释移动社交媒体用户持续信息共享行为的有效理论模型。尽管传统的关于信息系统用户持续行为理论一定程度上可以为我们理解移动社交媒体用户信息共享行为提供参考，但是由于移动社交媒体在基础设施、应用环境、使用成本、行业成熟度等诸多方面都与传统的社交媒体有着显著区别，因此，在解释和预测移动社交媒体环境下用户持续信息共享行为时，必须结合移动社交媒体的特点进行。本研究根据移动社交媒体的特性，整合多学科相关理论，从多视角、多维度探索了移动社交媒体环境下用户持续信息共享行为的机理和影响因素，弥补了现有研究视角单一、理论单一、模型单薄、解释力和预测力不足的缺点，丰富信息系统用户持续行为研究理论。

第二，发现了移动社交媒体环境下用户持续信息共享行为机理。本研究从移动社交媒体特征与类型、用户持续信息共享行为动机、用户持续信息共享行为分析三个方面分析了用户持续信息共享行为机理，为移动社交媒体环境下用户持续信息共享研究提供了新思路和新视角，丰富了信息共享研究成果。

第三，构建了移动社交媒体下用户持续信息共享行为模型，并对其进行了实证研究，剔除不显著因素，用于解释和预测移动社交媒体环境下用户持续信息共享行为。为了更好地理解和实证，遵循行为模型的研究思路，以模型的方式展现用户持续信息共享行为的影响因素和它们之间的关系。符合移动社交媒体特征和应用情景的用户持续信息行为模型，将能更好地解释和预测用户使用移动社交媒体进行信息共享的行为，并且为后续持续行为的研究提供参考依据。

1.2.2 实践意义

第一，对移动社交媒体的系统开发、活动规划和实施有重要意义。研究发现的行为规律可用于移动社交媒体终端用户、管理者和运营机构的选择决策，以促进用户持续信息共享行为和提高信息共享的质量，提高用户使用移动社交媒体进行信息共享的黏性，更好地保护用户隐私，推动移动社交媒体健康发展。

第二，对于用户来说，本研究对移动社交媒体环境下用户持续信息共享行为模型进行实证研究，可以提高用户体验，进一步激励用户共享信息，有效引导和规范用户信息共享行为，促进用户信息共享的效率和效果。总之，本研究的成果用于实践，可以促进移动社交媒体真正为用户带来价值，为社会经济发展带来效益。

1.3 概念界定

1.3.1 概念关系图

梳理相关的知识、概念及它们之间的相互关系有利于从整体上把握所要研究的信息内容，理清内在联系和脉络，明确研究边界，为后续的文献综述提供有力的保障，具体概念关系如图1-2所示。本研究中的用户专指移动社交媒体的终端个人用户。

1.3.2 移动社交媒体

1.3.2.1 移动社交媒体概念

移动社交媒体，顾名思义，就是"移动"＋"社交"，可以被简单理解为移动中的社交媒体或是社交媒体中的移动。移动是手段，而社交是目的，它是移动通信网络与社交媒体并行发展的产物，是传统社交媒体向移动设备延伸的结果。移动互联网络迅速普及，使得社交媒体因此具备了一个新的特性——移动性。移动性深刻影响了用户的社会关联性，传统社交媒体中社会关系一般是家人或朋友等，而现在，用户的位置、距离等移动规律可以成为衡量用户社会关联性的重要因素。这种具有移动特性的新型社交媒体被称为"移动社交媒体"。[1][2][3]

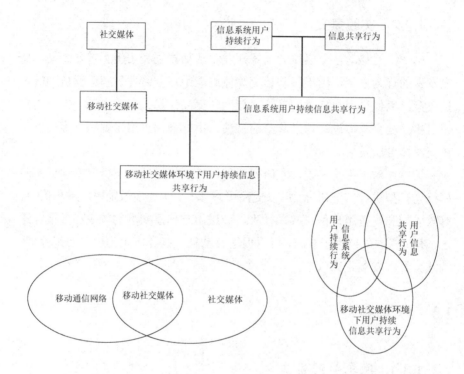

图 1-2 概念关系图

移动社交媒体是随着移动通信的快速普及和社交媒体的迅速发展应运而生的。自从移动社交媒体概念提出后，移动社交媒体随着实践应用的不断发展，其含义也在经历不断演变和扩展。对移动社交媒体概念的研究集中在什么是移动社交媒体以及移动社交媒体与其他概念的不同点。国内

[1] Lu Z, Wen Y, Cao G. Information Diffusion in Mobile Social Networks: The Speed Perspective // IEEE INFOCOM. IEEE, 2014:1932-1940.

[2] Song G, Zhou X, Wang Y, et al. Influence Maximization on Large-Scale Mobile Social Network: A Divide-and-Conquer Method[J]. Parallel & Distributed Systems IEEE Transactions on, 2015, 26(5):1379-1392.

[3] Wang Y, Cong G, Song G, et al. Community-based Greedy Algorithm for Mining Top-K Influential Nodes in Mobile Social Networks // ACM SIGKDD International Conference on Knowledge Discovery and Data Mining. ACM, 2010:1039-1048.

外不同机构和学者对移动社交媒体的概念内涵有不同的理解,代表学者有:陆奇,魏笑笑,王滢等,Humphreys,Xu 等,Hu 等。详见表 1-1。

表 1-1 移动社交媒体概念汇总

文 献	概 念
陆奇（2011）	通过移动设备,提供给人们比传统的机与机之间的沟通更为灵活的服务,它可以实现人与人之间更为灵活的沟通方式
魏笑笑（2014）	移动社交媒体是一种将移动通信技术与社交网络相结合的新媒体,以社会关联为基础,以移动终端为媒介
王滢等（2015）	以移动互联网为基础,借助移动设备的社交平台,具体表现形式包括:微博、传统社交网站的移动客户端和移动即时通信软件
Humphreys（2013）	移动社交媒体可以被看作通过移动设备访问的软件、应用程序或服务,允许用户与其他人连接,分享信息、新闻和内容
Xu et al.（2015）	从本质上讲,移动社交媒体服务提供了一个"永远"的社会网络的信息交换关系的环境
Hu et al.（2014）	移动社交媒体是将无线通信技术与人类社会属性相结合的移动网络平台,在其中,用户的社会关系通过共享、发布信息来维持和拓展

本研究认为,移动社交媒体是一种以手机、平板电脑等移动终端为媒介,利用某种联系将人们聚集在一起提供交流、共享、互动等随时随地创造并共享内容的服务而形成的群体社区平台。

1.3.2.2 移动社交媒体的发展历程

移动社交媒体从出现至今不过十几年,经历了萌芽期、初探期、兴起期以至目前的成熟期,各阶段的大致时期、特征以及应用举例,如表 1-2 所示。

表 1-2 移动社交媒体发展阶段

阶 段	时 间	特 征	举 例
萌芽	2003—2007 年	移动社交媒体雏形	手机 QQ 等移动社交媒体主要围绕图形、字符、表情等,提升用户在线聊天的趣味性
初探	2007—2011 年	移动社交媒体试水	YY（语言通信平台）等移动社交媒体开始增加在线语音、视频聊天等互动服务,逐渐吸引、积累并沉淀用户

续表

阶段	时间	特征	举例
兴起	2011—2014 年	移动社交媒体崛起	微信、陌陌等移动社交媒体相继出现，借助位置服务（LBS）、兴趣、通讯录等功能满足用户不同需求
成熟	2014—未来	移动社交媒体成熟	微信、微博等移动社交媒体用户数量激增，用户持续信息共享行为成为移动社交媒体的最主要应用（2015 年 12 月占 76.9%）

1.3.2.3 移动社交媒体与 PC 端社交媒体的对比

移动社交媒体具有鲜明的特点，同时移动社交媒体也是基于 PC 端社交媒体而产生的，两者之间主要区别如表 1-3 所示。

表 1-3 移动社交媒体与 PC 端社交媒体比较

	评估内容		PC 端社交媒体	移动社交媒体
技术特性	网络基础设施	网络容量	较宽，可以无限扩展	受到可用频谱的限制
		数据传输	基于有线介质	基于无线介质
		协议	一致，标准的互联网协议	多个相互竞争的移动通信协议
		地理位置定位	无	多种地理定位技术
	应用开发平台	方便交互	基于超文本传输协议/全球广域网（Http/Web）的查询	简化的 Web 访问功能，智能代理技术
		应用互操作	开放式的系统、运行于任何 PC	不同的设备各不相同
	终端设备	终端类型	PC	多种类型的移动终端
		人机交互界面	很大的显示屏幕和文本输入键盘，也可能有声音和视频通信的功能	智能电话和掌上电脑（PDA）等，屏幕和键盘都很小
		移动性	固定位置，不能移动	可以移动
		地理定位	难以定位	可以定位
		设备识别	不能识别	容易识别

评估内容		PC 端社交媒体	移动社交媒体
服务特性	用户群 用户特点	有互联网（Internet）连接的 PC 用户	蜂窝智能电话和 PDA 用户
	移动性 服务提供	为家庭或办公室中的用户提供服务	可以为移动用户提供服务
	移动目标的跟踪	无	实施跟踪移动的目标
	位置相关性 位置感知	位置是服务中的一个障碍，与位置无关	位置作为一个产生价值的新维度，基于位置的服务

1.3.3 持续信息共享

1.3.3.1 信息共享

据文献整理与研究发现，信息共享的概念早先是伴随着信息给予（information giving）的概念出现的。Krikelas 指出信息给予是传播信息的表现，也可以视为传播模式的一部分；信息可以用文字、口语、视觉或触觉的形式表达，书写文章就等同于信息给予的表现之一，而阅读文章则可能是信息收集或信息搜寻的表现，在这种交互影响中，可能有部分的信息搜寻过程直接被引领至出版（分享）交流。[1]信息共享是信息搜寻过程的延续，并且另外开启了新的行为目标。

信息共享是人们日常生活中相当普遍且自然的行为，是信息行为的重要组成部分之一[2]，所以信息共享已经成为信息行为领域中一个重要研究议题[3]，然而信息共享行为的定义相当模糊，学术界仍然没有达成共识。本研究整理文献中"信息共享行为"概念的具体释义，如表 1-4 所示。

---

[1] Krikelas J. Information-Seeking Behavior: Patterns and Concepts. Drexel Library Quarterly, 1983, 19(2):5-20.

[2] Sonnenwald D H. Challenges in Sharing Information Effectively: Examples from Command and Control. Information Research An International Electronic Journal, 2006, 11(4).

[3] Spink A, Cole C, Spink A, et al. New Directions in Human Information Behavior. Journal of the American Society for Information Science & Technology, 2007, 58(10):1553-1553.

表 1-4　信息共享概念汇总

文献来源	概　念
Nonaka and Takeuchi（1995）	信息共享是隐性与显性信息两者之间的互动过程，而不同的信息互动的结果便产生了信息的创新
Wijnhoven（1998）	信息共享是将已有经验与新取得的信息整理的过程
Hendriks（1999）	信息共享是向他人学习的过程，分享他人信息的同时，本身也需要具有相关的信息背景
Davis and Marie（2005）	信息共享是人与人之间互相提供、分享信息的传递行为
Rioux（2005）	信息共享是信息获取与分享共同结合而成的信息行为，是个人将获取的信息共享他人的一种过程，信息共享是一种重要的社会行为
Sonnenwald（2006）	信息共享在任何团体中是不可缺乏的，如果没有透过成员之间的合作，分享信息并相互理解及使用信息，团队工作便会失败
朱国明（2007）	社区成员在社区中持续互动及彼此分享、讨论过程中，创造出许多创新、丰富的信息内容，借此获得新的信息与知识
赵越岷（2010）	信息共享是将自己拥有的信息贡献出来供他人访问、使用的利他行为
李中（2011）	信息共享是指用户通过虚拟社区或其他信息工具，将自己所拥有的信息提供给别人
李晓娥（2011）	信息共享是一种表达需求的再现，信息共享行为能促进信息的扩散
徐海波（2012）	信息共享行为是由他人的信息需求所触发的行为，发生于特定的群体之中，解决问题的一种过程。信息共享是具有策略性的分享，可能具有某些目的的存在，信息共享可以让成员间关系更为紧密

综合上述文献，信息共享是个人进行信息搜寻，将所获得的信息或自己当前的感受和经历再提供给他人的一种过程，一种发生在网络或社区之中的社会行为，这种行为通常是自愿性的，目的是让他人也能与自己一样拥有共同的信息。成员在持续互动、互相帮助、彼此共享和讨论的过程中，能创造出许多新的、丰富的信息内容。鉴于学术界并不是特别区分信息共享与信息分享的概念，结合本研究的研究视角及研究重点，将二者视为相同概念。

1.3.3.2 持续信息共享

目前学术界对用户持续信息共享并没有统一的概念，并对此概念与用户持续使用之间的关系也有一些争议。"使用"强调作用的过程不一定产生结果的变化；"共享"强调作用效果，对个体或群体产生有益的效果。Wenger（1998）利用有限责任合伙理论（LLP）对虚拟社区用户信息共享进行了研究，指出用户共享不仅包括用户参与社区活动、共享信息，还体现了用户在虚拟社区进行情境学习以及此过程中身份构建的重要性。Fang 和 Neufeld（2006）认为用户持续使用即是"存在"，并指出情境学习和身份构建是在用户持续共享的过程中才能实现。用户在交互的过程中参与共享的频率越高，越能从情境学习中收获更多，也越利于用户个体的身份构建。

一般情况下，用户持续信息共享过程中用户经历角色的、关系的、情感的、认知的行为变化，它本身就是一个动态发展的过程。本研究以广义的概念为研究落脚点，认为用户持续信息共享是一个过程，这个过程包括了移动社交媒体用户在信息活动及相关事件过程中情感上的参与和实际行动上的参与。Wenger 对情感参与的具体化描述，包括身份构建、认同感、信任感、归属感等；实际行动的参与则涉及信息和知识的搜寻、获取和共享，服务使用等。

1.4 思路及方法

1.4.1 思路

本研究从实际问题出发，揭示移动社交媒体环境下用户持续信息共享行为机理。依据现实情况提出问题，通过文献梳理、理论推演、历时研究和实证分析等方法解决问题。首先，分析现有研究的问题和不足，对相关概念进行辨析如移动社交媒体、信息共享、持续信息共享行为等，并对本研究的理论基础进行阐释。

其次，从移动社交媒体特征与分类、移动社交媒体环境下用户持续信息共享行为动机、移动社交媒体环境下用户持续信息共享行为分析三个方面分析了用户持续信息共享行为机理。

再次，以理论基础为指导，形成了以模型构建和模型实证为核心的研究框架，通过理论（已有文献中关于行为影响因素的各个维度以及各维度变量的内容构成）和实践（访谈）两方面的对比，确定移动社交媒体环境下用户持续信息共享行为的关键影响因素，然后构建理论模型，操作化定义模型中的相关变量，确定变量及其评测指标，提出研究假设。然后，对行为模型进行实证研究，对同一批用户采用两次问卷调查的方法，收集数据，并对数据使用统计方法和结构方程进行分析。

最后，针对实证分析中的验证结果，解释和预测移动社交媒体环境下用户持续信息共享行为规律，给出了相关的策略和措施，以促进用户持续信息共享行为，提高信息共享的质量，提高用户使用移动社交媒体信息共享的黏性，更好地保护用户隐私，推动移动社交媒体健康发展。

1.4.2 方法

本研究依据提出的问题和研究思路，为了达成研究目标，综合运用了如下方法。

1）文献研究法

根据本研究的研究内容和研究范围，对涉及的相关文献进行了全面的搜集，回顾了相关概念及其发展过程，对"移动社交媒体""信息共（分）享""虚拟社区""社交媒体""用户生成内容（UGC）""持续行为"领域的中英文学术文献进行了检索、筛选和整理。

2）归纳研究法

在分析用户持续信息共享行为机理、移动社交媒体与 PC 端社交媒体的异同点，确定移动社交媒体环境下用户持续信息共享行为关键影响因素时，观察实际情况并归纳总结形成结论。

3）访谈调查法

通过访谈调查获取移动社交媒体环境下用户持续信息共享的体验，对已有理论与模型中提出的要素进行验证和补充。

4）问卷调查法

为对用户持续信息共享行为模型进行实证，检验模型中的构建、变量的关系，设计了结构化的量表，将调查问卷发放给符合研究要求的用户，进而收集样本数据，然后利用统计分析方法验证模型的有效性，并对模型进行修正。

5）比较研究法

比较研究法多次被应用于本研究中，如在文献综述中分析研究结果，比较移动社交媒体和 PC 端社交媒体的异同，比较不同情境中的信息共享行为等。

6）统计分析法

本研究采用 SmartPLS 2.0 进行测量模型和结构模型分析，采用 IBM SPSS Statistics 22.0 进行样本的描述性统计分析、信效度检验、重复测量资料方差分析，获得模型的解释力和假设检验结果。

1.5　研究内容及技术路线图

1.5.1　研究内容

第 1 章，绪论。内容主要包括研究背景、研究问题、研究意义、概念界定、思路及方法、研究内容及技术路线图、研究创新点等问题，并对本书后续内容进行说明。

第 2 章，相关研究现状与述评。全面系统地对移动社交媒体环境下用户持续信息共享相关研究进行综述，对移动社交媒体、信息共享行为、IS/IT 用户持续行为、IS/IT 用户行为模型相关研究的成果进行述评。

第 3 章，移动社交媒体环境下用户持续信息共享行为理论研究。首先，分析用户持续信息共享行为机理。从移动社交媒体的特征与类型，移动社交媒体环境下用户持续信息共享的动机、用户持续信息共享行为分析三个方面对移动社交媒体环境下用户持续信息共享行为机理进行探讨和分析。用户持续信息共享是一个动态发展、逐渐演化的复杂过程，是一个用户的认知、情感和行为因素相互交织的多维结构。其次，梳理本研究的理论基础，概述社会认知理论、信息系统成功模型等相关理论，为后续研究奠定理论基础。最后，提出本研究的总体研究框架。

第 4 章，移动社交媒体环境下用户持续信息共享行为影响因素。第一步，通过理论分析，依据不同的维度设定可能的影响因素；第二步，通过用户访谈调查，从实践角度确保维度设置、变量表达内容构成的科学性和客观性，进而最终确定量表内容，为下一步的实证研究奠定有力的理论基础。

第 5 章，移动社交媒体环境下用户持续信息共享行为模型构建。首先分析并提出了模型的适用条件。其次，依据影响因素及其应用情景构建了移动社交媒体环境下用户持续信息共享行为模型，认知维度的因素有感知有用性、感知价值、期望确认和 IT 自我效能，体验维度的影响因素有满意度、心流体验、感知风险（perceived risk），技术维度的影响因素有移动社交媒体特性、信息质量、系统质量，环境维度的影响因素有主观规范、信任、社会支持与链接，持续信息共享行为作为结果变量。最后提出了 20 条研究假设。

第 6 章，移动社交媒体环境下用户持续信息共享行为模型实证研究。在实证研究部分，首先对调查问卷进行预测试，修正后形成正式调查问卷；其次，通过网络进行大规模问卷调查，去掉样本问卷中的无效问卷，使用统计软件 SPSS 和 Smart PLS 对收集的数据进行分析；最后，进行模型分析。

第 7 章，研究总结、实践启示与展望。首先，对以上研究结论从四个维度进行分析与讨论。其次，提出促进移动社交媒体环境下用户持续高质量信息共享的策略和建议，净化移动社交媒体信息生态系统，针对不同用户提供差异化服务，并保护用户隐私。再次，重视培育用户持续信息共享习惯，提高用户持续信息共享黏性。最后，对本文的研究贡献进行总结，并对本研究存在的不足和需要深入研究的内容进行展望。

1.5.2　技术路线图

本研究的技术路线如图 1-3 所示，主要包含以下五个阶段。

第一阶段为研究背景与现状。通过对研究背景和研究依据的梳理确定研究问题，并对研究问题的现状和发展进行调查和整理，确定已有研究存在的不足和问题，阐明本研究的目标和内容。

第二阶段为理论研究。依据相关理论对移动社交媒体环境下用户持续信息共享行为机理进行分析，了解用户行为的作用机理，分析用户持续信息共享行为的动机和形成过程，探讨移动社交媒体环境下用户持续信息共享的动机。

第三阶段为模型构建。提出以模型构建和实证为核心，基于扩展期望持续使用行为模型，以"影响因素—模型构建—实证分析—研究结论"为路径的研究框架；以此研究框架为指导，结合理论构面与实践构面确定用户持续信息共享行为关键影响因素，根据影响因素之间的关系构建行为模型，并对模型进行操作化定义，使变量定义化，进而提出研究假设。

第四阶段为实证研究。参考已有权威、成熟量表，设计本研究量表，通过专家访谈方法对问卷内容进行效度分析，然后进行小规模预测试，检验其信度和效度，检验通过后选择样本进行大规模问卷调查。收集数据后，经过筛选，剔除无效和错误数据，对最终样本数据进行描述性统计分析、结构方程模型分析，对模型进行检验、修正，最后对模型分析结果予以解释。

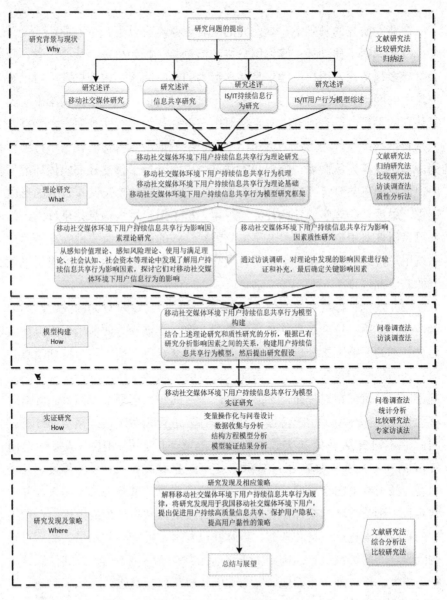

图 1-3　技术路线图

第五阶段为研究发现及策略。在数据分析结果的基础上，探讨用户持续信息共享行为的特点和规律，并结合我国移动社交媒体环境下用户持续信息共享的发展现状，提出实践启示。

1.6 研究创新点

在前人研究的基础上，本研究的主要创新点有以下几个方面。

（1）探索了移动社交媒体用户持续信息共享行为机理。从心理学、社会学等多视角探索用户持续信息共享行为的影响因素、内在机理，对已有理论中的因素进行完善、修订，弥补已有研究对用户持续信息共享影响因素认知的不足。已有研究大多直接对用户持续行为进行实证研究，鲜有深入探索用户持续行为形成的机理，不利于系统地、深入地解释用户持续行为。本研究首先从微观、中观和宏观三个层面分析了移动社交媒体环境下用户创新信息共享行为的动机，其次分析了用户持续信息共享行为的形成过程，最后从心理学视角和社会学视角分析了用户持续信息共享行为，弥补已有研究对用户持续信息共享影响因素认知的不足，有力地补充了信息系统用户持续行为理论，丰富了移动社交媒体用户持续信息共享作用机理方面的研究。

（2）发现了移动社交媒体环境下用户持续信息共享行为的关键影响因素，构建了用户持续信息共享行为模型。现有文献一方面侧重于虚拟社区信息共享的影响因素分析，缺乏针对移动社交媒体环境下用户持续信息共享行为的影响因素研究。另一方面，现有的文献多从单一理论或视角出发进行研究，研究相对片面，不够丰富，构建的研究模型过于简单，难以对移动社交媒体环境下用户持续信息共享行为进行相对丰富的概括和分析。因此，本研究从理论和实践两种视角出发，以扩展期望确认持续使用（EECM-ISC）模型为基础，结合相关理论，从认知维度、体验维度、环境维度、技术维度四个维度，研究了用户持续信息共享行为影响因素。并探索实践中影响移动社交媒体环境下用户持续信息共享行为的因素，对理论中的影响因素进行验证和补充，以弥补已有理论解释力的不足。然后对影响因素之间的关系进行建构，生成移动社交媒体环境下用户持续信息共享行为模型，用以细致全面地研究影响因素对移动社交媒体环境下用户持续信息共享行为的作用路径和机理，并对模型进行了实证检验，丰富了用户持续行为的研究成果，弥补了现有相关研究的不足。

（3）梳理模型中各因素之间的相互作用关系，总结了移动社交媒体用户信息共享的规律，提出了产品设计、市场管理和用户引导方面实践启示，以支持移动社交媒体服务运营商、管理机构和个人用户的选择决策。提高移动社交媒体用户信息共享水平，推动移动社交媒体的可持续发展，让移动社交媒体真正为用户创造效用，为社会经济发展带来效益。

1.7　本章小结

首先，本章对研究背景进行了介绍，泛在移动网络环境形成以及用户持续信息共享环境发生变化，SoLoMo 从概念走向应用，移动社交媒体环境下用户持续信息共享行为研究日益重要，提出了本研究的四个研究问题。其次，明确相关概念的边界，阐述了本研究的理论和实践意义。再次，介绍了研究内容、思路与方法等内容。最后，对本研究贡献和创新点进行了详细说明。

第2章 相关研究现状与述评

本章依据本研究提出的问题，对研究现状和发展趋势进行了综述，目的是发现其中的不足、空白与问题，进一步明确本研究欲突破的问题。由于目前直接对移动社交媒体环境下用户持续信息共享行为的研究并不多，为了全面考虑该问题的研究现状，将移动社交媒体视为一种创新的信息系统，移动社交媒体环境下用户持续信息共享行为属于信息系统用户持续行为的一种，因此，对 IS/IT 用户持续行为相关研究进行述评能够为本研究提供理论、方法上的支持和引导。另外，本章还对几种主流 IS/IT 用户行为模型进行了介绍、分析和比较。本研究指出 EECM-ISC 模型其他 IS/IT 用户行为模型都有较强的解释力，因此将以 EECM-ISC 模型作为本研究的理论基础模型。

2.1 移动社交媒体研究

2.1.1 关于移动社交媒体技术的研究

Bo Zhang 等（2013）认为移动社交媒体是互联网、移动计算、在线社交网络这三个领域交叉而形成的，并总结了移动社交媒体的研究成果和应用框架,指出移动社交媒体不应该仅仅是基于计算机的光交换网络的扩展，而应该更多地利用移动计算算法、无线技术和实时定位系统来发展，为用户提供更多的附加价值以获得成功。Chii Chang 等（2015）认为移动社交媒体是未来移动社交的基础和必然，并指出移动沟通的动态性对移动社交媒体的网络模型设计、内容管理、移动性等问题带来了挑战，移动社交媒体的发展一定要突破这些问题。与此同时，Nan Li 等（2009）则对基于定位系统的移动社交网络进行了多层次友谊的建模，通过量化商业移动社交媒体中的用户移动特性，来建立基于朋友建议的派生模型，对移动社交媒体的研究具有一定的拓展作用。智能终端的出现使得传统的互联网社交向移动社交转移，这一趋势也获得了众多研究学者的关注，学界围绕移动社交网络媒体进行了一系列的研究。

2.1.2　影响用户使用移动社交媒体的因素研究

为了提高用户对移动社交媒体的黏性，很多学者也对移动社交媒体使用行为的影响因素进行了研究。Fu Shaoling 等（2014）探究了大学生对微信的持续使用行为，Lien Che Hui 和 Cao Yang（2014）研究了微信用户使用的心理动机、信任、态度与正面口碑的相互关系，Tao Zhou 等（2010）通过实证研究表明信息质量和信息系统质量影响用户的信任和流体验并进一步影响他们的忠诚度。

2.1.3　关于移动社交媒体用户使用行为的研究

潘军宝（2012）研究了用户的价值感知如何影响用户对移动微博的使用，以及移动微博能给用户产生怎样的价值体验。乔歆新等（2010）选择高校在校学生作为研究对象，使用自我中心网络算法研究了智能手机使用者的移动社交网络特点。杨玉琼（2011）分析了中外社交媒体用户不同的行为特点，并指出国内外社交媒体发展模式不同的根本原因是这些使用行为的不同。

赵宇翔、朱庆华（2009）研究了 UGC 产生的动因。Jessica（2007）介绍了 UGC 的发展趋势，并通过分析现状，提出了内容、数字内容将成为主要的自我表达方式。Chudnow（2007）的研究以 Facebook、聚友网（MySpace）、Friendster（全球首家社交网站）与油管（YouTube）等多个社交媒体网站为例，将每个用户看成一个接入点，通过其间的关联来研究 UGC 网络用户的关系。Mark K. Elsner 等（2010）研究了传播者的社会网络对于 UGC 传播过程的影响。他们提出了，传播者的社会网络强弱对 UGC 能否被提升到一个重要的高度起了决定性的作用，UGC 本身的内容反而是次要的。Dhar 和 Chang（2009）做了 UGC 在音乐领域的应用与影响的研究，他们测试了移动社交媒体上诸如博客之类的 UGC 内容对音乐行业销售的影响。Meeyoung Cha 等（2007）选取了 YouTube 和韩国的视频平台（Daum）进行比较，对比了其视频 UGC 的属性，如内容产生模式、用户参与度等，还有 UGC 的分布模式及其形成原因。他们还与其他非 UGC 视频平台，如奈飞（Netflix）、爱电影（Lovefilm）和雅虎（Yahoo）进行了对比。

2.2　信息共享行为研究

信息共享就是愿意将自己拥有的信息传送出去，进而与对方共同拥有该信息。[1]信息共享通常是一种自愿性的行动，目的是让他人也能和自己一样拥有该信息。

Erdelez 和 Rioux（2000）认为信息的获取与分享是并进的。信息共享是一种行为过程，它的发生存在于我们的日常生活中。用户在网络媒体上共享信息时，可能会受到网络媒体特性的影响而呈现不同的信息共享行为，也可能因信息分享效果的不同，而倾向选择某一媒体进行持续的信息共享活动，因此本节选取了与网络媒体相关的文献进行研读，梳理了网络媒体特性和信息共享效果两个方面对信息共享的影响。

2.2.1　网络媒体特性

在已有探讨传播媒体特性的文献中，多以媒体丰富性（Daft and Lengel，1986；Daft eat al.，1987）、社会临场感（Savicki and Kelley，2000；Bente et al.，2004）及媒体来源可信度（Mulac and Sherman，1974；Kiousis，2001）等方面进行探讨。

1）媒体丰富性

Daft 和 Lengel（1986）认为信息存在不确定性和模糊性，不确定性指信息缺乏的程度；模糊性指信息存在模棱两可或混淆的情况。决定媒介丰富性的主要因素，来自媒体是否能够提供多种线索来源，包括实体态度、声音的语调变化、文字等（Daft et al.，1987）。因此，人们会选择丰富性高的媒体传递信息。此外 Daft 等（1987）也提出媒体允许使用者的个人化程度可以判定该媒体是否具有丰富性。

综上所述，若媒体可允许在一个时期内传递大量信息，解决信息的不确定性；或是可让使用者透过多元的方式呈现信息，解决信息的模糊性，则该媒体被视为具有一定程度的媒体丰富性，若更具备个人化与展现个人情感的功能，则可说是丰富性高的媒体。因此，丰富性高的媒体能够让用

---

[1] Dixon N M. Common Knowledge: How Companies Thrive by Sharing What They Know. Harvard Business School Press, 2000.

户在传递信息时能够表达得更完善，进一步促进信息共享行为与效果的提升。

2）社会临场感

社会临场感最早由 Short 等（1976）提出，指媒体能让沟通双方在心理上感受到彼此存在的程度，或指媒体是否能表现出让双方就像实际面对面沟通的程度。Biocca 等（2001）指出共同存在感与心理摄入是媒体拥有社会临场感的重要因素，共同存在感是指能够直接感受到、知觉到与其他人如同实际陪伴在身边，当事人不会觉得有孤单、寂寞感；而心理摄入则是指双方能够相互传达想表达的信息，且拥有同心理去感受对方的情绪，因此彼此可能被对方的情绪所影响（Bente et al.，2004）。

除了心理层面，社会临场感的另一个要素是需要让双方沟通时能够相互了解对方要表达的意思，也就是媒体必须拥有能让双方能够理解并认知彼此想表达的意思与想法（Bente et al.，2004；Savicki and Kelley，2000）。

综上所述，社会临场感的产生会落实在人们在数字媒体互动过程的社交感受中，当透过语言文字及时沟通后，会让使用者产生双方之间创新的社交互动关系（Lombard and Ditton，1997），因此社会临场感可让人们延续现实生活的社交互动，故可能会对信息共享媒体的选择造成影响。

3）媒介可信度

媒介可信度是指对传播媒介的信赖程度，主要讨论方向是不同传播媒介间产生可信度差异的原因（Kiousis，2001）。本研究会考虑移动社交媒体用户信息共享时所考虑的媒体特性可信度。最早提到可信度一词的是 Hovland 等（1953），他们指出可信度有两个主要指标：可靠度和专家型。Gaziano 和 McGrath（1986）运用焦点团体法和电话访谈法，得出包含与社会关怀相关的 16 项媒体可信度的指标，可信度包含是否值得信任，是否正确、完整等；社会关怀则包括是否在乎阅听人想法、是否道德等。Johnson 和 Kaye（1998）也指出正确性、可信性、深度等是检测可信度的标准。而 Wathen 和 Burkell（2002）指出影响网络媒体可信度的因素包括专业性、可靠性、影响性、正确性。

2.2.2　信息共享效果

用户参与社交媒体的动机除了搜寻与交换信息外，人际的社交关系也是让成员在社交媒体停留更久与分享信息的重要因素（Rding and Gefen，

2004; Wasko and Faraj, 2005), 故用户在分享信息后, 对于可能产生的效果预期, 同样会影响他们选择分享媒体时的信息共享。

在网络媒体中, 基于时间的发展或建立在一定的信任、合作上所累积的个人紧密关系称为社会资本 (Jacobs, 1984)。社会资本依据人与人间不同的紧密度关系原则可延伸出凝聚式社会资本和桥接式社会资本 (Putnam, 2000; Kim et al., 2006; Patulny and S, 2007), 前者是以紧密的强连接为导向的人际关系, 后者是以广泛的弱连接人际网络为导向的人际关系 (Putnam, 2000)。此外, 用户在信息共享后, 会去观察与他人的关系是否有改善 (Constant et al., 1994), 也就是期望能够在信息共享后得到人际关系提升的效果。社会资本理论所阐述的凝聚式社会资本和桥接式社会资本, 发展出社会支持 (Putnam, 2000; Kim et al., 2006; Patulny and S, 2007) 与社会链接 (Putnam, 2000; Kim et al., 2006; Patulny and S, 2007) 两个要素。

1) 社会支持

根据社会资本理论所探讨的凝聚式社会资本定义, 凝聚式社会资本的建立通常发生在强连接的人际关系, 人与人间的背景只有小幅不同。例如, 家人与亲密朋友, 他们会给予大量的情绪与社会支持 (Cohen and Hoberman, 1983; Putnam, 2000)。Cobb (2009) 定义社会支持是一种让人们拥有归属、尊敬与被照顾的感受, 是指个人可以感受或实际接收到来自他人对自己生活层面的关心与协助, 也就是让当事人觉得这些人是关心他们的 (Sarason et al., 1983)。而过去的文献多着重于面对面的社会支持, 用户通过电脑媒介交换信息时, 也会获得社会支持感受 (Wellman et al., 1996), Williams (2006) 参考 Cohen 和 Hoberman (1983) 所提出的社会支持量表来检测线上环境的凝聚式社会资本程度, 结果发现用户透过线上的管道寻求心理上的社会支持, 确实能够让当事人拥有被支持的感觉。除了感情的支持外, 若能给予信息上的支持, 例如当他人遇到问题时给予建议与支持, 也可以提升建议者的社会支持 (Kim et al., 2006)。由此可知, 当人们分享信息给他人后, 有可能提升自身与所属团体的人际关系, 因此累积更多的凝聚式社会资本, 可以提升社会支持。

2) 社会链接

根据社会资本所探讨的桥接式社会资本定义, 桥接式社会资本是人与人之间所形成的较弱的社会链接 (Putnam, 2000), 其人际圈不仅限于身边的朋友，而是跨越所属团体外更广泛的人际网络（Williams，2006），例如：认识朋友的朋友等（Steinfield et al.，2009）。Steinfield（2009）对线上社区做实证研究时发现，社交网站可以帮助个人创造与维持社会资本，因为社交网站的特性可以让个人拥有更多的互动与互惠。而社交网站庞大的人际网络除了可以加入强连接的朋友外，也可以接触更多弱连接关系的人际网络，而这些弱连接的用户更能提供自身所属社区更广更新的信息观点（Steinfield，2009）。由此可知，在信息共享过程中，有可能认识更多非属自身团体的新朋友，因此累积更多的桥接式社会资本，可以提高社会链接程度。

2.3　IS/IT 用户持续行为研究

用户持续行为及行为理论的研究最早源于信息系统研究领域。我们认为对于信息系统衡量其成功的标准并不是用户初始采纳和使用行为，用户后续的频繁和持续行为才是真正取得成功的关键。

因文献调研发现，直接以"移动社交媒体环境下用户持续信息共享行为"为研究主题的文献相对较少，而移动社交媒体是以信息技术为核心，属于信息系统的一种，移动社交媒体的应用和信息系统在技术特征、服务方式上有相似之处，本研究扩展相关文献的研究范围，对信息系统用户持续行为研究现状进行分析和述评。

2.3.1　理论基础分析

用户持续行为理论的研究最早源于信息系统研究领域。衡量一个信息系统的成功标准不是用户初始的采纳行为决策，而是用户频繁和持续的使用行为。无论用户的初始接受范围有多么广泛，未来如果信息系统的功能不能匹配用户的需求，那么用户持续使用行为就会下降。如表 2-1 所示，期望确认模型（ECM）及其扩展、技术接受模型（TAM）及其扩展、感知价值理论、心流体验理论、信息系统成功模型（D&M）、使用与满足理论（UGT）等被广泛运用于信息系统用户持续行为的实证研究中。

表 2-1　信息系统用户持续行为理论基础

理论基础	相关文献
期望确认模型及其扩展	Limayem et al.（2007）；Jin et al.（2010）；Luo（2013）；Shiau and Chau（2012）；Ralph and James（2012）；Pereira（2015）；肖怀云（2011）；刘鲁川、孙凯（2012）；彭希羡等（2012）；张希风（2013）；刘虹、裴雷、孙建军（2014）；李然（2014）；江源（2014）；邓李君、杨文建（2014）；李曼静（2015）；赵鹏、张晋朝（2015）；杨根福（2015）；赵杨、高婷（2015）；张冰（2015）；李武、赵星（2016）
技术接受模型及其扩展	Meng and Chiu（2004）；Pelling and White（2009）；Al-Debei et al.（2013）；Hajli et al.（2015）；Ajjan et al.（2014）；Boakye（2015）；Venkatesh and Devis（2000）；Gefen（2004）；Kim and Malhotra（2005）；Ifinedo（2006）；Naidoo and Leonard（2007）；Tseng（2015）；Chiu and Wang（2008）；董婷（2013）；Sun et al.（2014）
感知价值理论	Chang et al.（2015）；Gu and Wang（2009）；Lee and Saharia（2012）；Wu（2009）；顾睿等（2011）；顾睿、胡立斌、王刊良（2013）；赵杨、高婷（2015）
心流体验理论	Chang and Zhu（2012）；Gao and Bai（2014）；Hsu and Wu（2011）；Hu and Kettinger（2008）；Huang，Hsieh and Wu（2014）；Zhou，Li and Liu（2010）；王洪伟、陈媛（2012）
信息系统成功模型	李倩、侯碧梅（2013）；Gao and Bai（2014）；Hsu and Wu（2011）
使用与满足理论	Chiang（2013）；Currás-Pérez et al.（2013）；Cao et al.（2014）；Huang，Hsieh and Wu（2014）；Ku, Chen and Zhang（2013）

从图 2-1 可知，期望确认模型及其扩展出现了 20 次，使用与满足理论出现了 15 次，心流体验理论和感知价值理论出现了 7 次，这些理论是信息系统持续行为研究中被运用较多的理论。

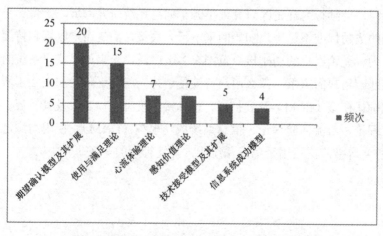

图 2-1　信息系统持续行为研究理论使用频次分布

2.3.2　关键影响因素

1）认知维度

现有研究已经验证了众多认知维度的影响因素，如表 2-2 所示。

表 2-2　用户持续信息行为的认知维度影响因素

影响因素	相关文献
感知有用性（PU）	Meng and Chiu（2004）；Gefen（2004）；Ifinedo（2006）；Naidoo and Leonard（2007）；Ralph Keng-Jungle and James（2012）；刘鲁川、孙凯（2012）；李然（2014）；赵杨、高婷（2015）；李倩、侯碧梅（2013）；王洪伟、陈媛（2012）；殷国鹏、杨波（2010）
期望确认度	赵鹏、张晋朝（2015）；李曼静（2015）；李武、赵星（2016）；李倩、侯碧梅（2013）；王洪伟、陈媛（2012）；殷国鹏、杨波（2010）
感知趣味性	Venkatesh and Devis（2000）；Jin et al.（2010）；Luo（2013）；刘虹、裴雷、孙建军（2014）；李然（2014）；李曼静（2015）；王洪伟、陈媛（2012）
感知价值	Al-Debei et al.（2013）；Hajli et al.（2015）；Shiau and Chaussure（2012）；Wu（2009）；顾睿等（2011）；顾睿、胡立斌、王刊良（2013）
感知满足	张冰（2015）；李武、赵星（2016）；Chiang（社交和娱乐满足，2013）；Cao et al.（自我实现需要的满足，2013）

2）态度或体验维度

如表 2-3 所示，满意度、心流体验等因素在信息系统持续行为研究中作为重要的影响因素多次出现。

表 2-3　用户持续信息行为的态度或体验维度影响因素

影响因素	相关文献
满意度	Ajjan et al.（2014）；Boakye（2015）；Teng（2015）；董婷（2013）；Sun et al.（2014）；Luo（2013）；Ralph Keng-Jungle and James（2012）；刘鲁川、孙凯（2012）；彭希羡等（2012）；张希风（2013）；赵鹏、张晋朝（2015）；陈瑶、邵培基（2011）；顾睿等（2011）；顾睿、胡立斌、王刊良（2013）；李倩、侯碧梅（2013）；姜锦虎等（2011）；刘高勇、邓胜利、唐莉斯（2012）；王洪伟、陈媛（2012）；殷国鹏、杨波（2010）
态度	Kim and Malhotra（2005）
心流体验	Gao and Bai（2014）；Hsu and Wu（2011）；Hu and Kettinger（2008）；Chang and Zhu（2012）；王洪伟、陈媛（2012）
其他因素	承诺（Nusair et al.，2013）；主观幸福感（Chiu et al.，2013）

3）环境维度

主要的环境因素有主观/社会规范、信任和社会影响，许多研究验证了用户的持续行为受环境的影响，如表 2-4 所示。

表 2-4　用户持续信息行为环境维度影响因素

影响因素	相关文献
主观/社会规范	Pelling and White（2009）；Al-Debei et al.（2013）；Chang et al.（2015）；Chiang（2013）；刘人境、柴靖（2013）；王洪伟、陈媛（2012）
信任	张希风（2013）；李曼静（2015）；Zhou and Li（2014）；刘人境、柴靖（2013）
社会影响	Chang et al.（2015）；Hsu and Wu（2011）；顾睿、胡立斌、王刊良（2013）

4）其他维度

除了上述三个维度的影响因素之外，现有研究还探讨了其他一些因素的影响作用，性别和年龄，习惯和以往使用情况，技术，等等，如表 2-5 所示。

表 2-5　用户持续信息行为其他维度影响因素

影响因素	相关文献
性别和年龄	Kang et al.（2013）；Chang and Zhu（2012）；Chiu et al.（2013）；Shi et al.（2009）
习惯和以往使用情况	刘虹、裴雷、孙建军（2014）；赵杨、高婷（2015）；姜锦虎等（2011）；Kang et al.（2013）；刘人境、柴靖（2013）；殷国鹏、杨波（2010）
技术	隐私安全（彭希羡等，2012；李曼静，2015）；技术复杂度（李然，2014）；信息质量和系统质量（Gao and Bai，2014；李倩、侯碧梅，2013；Chiang，2013；唐莉斯、邓胜利，2012）；个性化（Park，2014）
转换成本	张冰（2015）；许笑（2015）

图 2-2 中按照出现频次列出了信息系统持续行为研究中的重要影响因素，其中满意度出现了 20 次，出现次数最多；其次是感知有用性，有 12 次；诸如承诺、主观幸福感等出现次数较少的影响因素未列出。

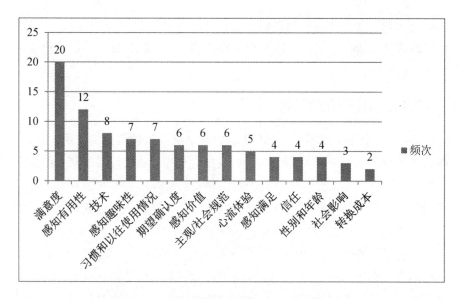

图 2-2　信息系统用户持续信息行为影响因素频次

2.4　移动社交媒体环境下用户持续信息共享行为研究

文献调研发现，直接以"移动社交媒体用户持续信息共享行为"为研究主题的文献较少，所以本研究适当扩展了文献搜索范围，将社交媒体用户信息共享行为纳入参考，以便全面了解持续信息共享行为的研究现状。

2.4.1　研究概况

本节采用 Webster 和 Watson 提出的文献综述写作过程中的相关文献搜寻方法。[1]检索时选取的数据库有：IEL，Emerald，ProQuest，Springer，ACM Digital Library，EBSCO，中国知网（CNKI），会议及硕博士论文库，万方。中文文献检索词使用"移动社交媒体""移动社交网络""社交媒体""社会媒体""微信""微博"，与"信息共享""持续行为""持续信息共享行为"进行组配；英文文献检索词用 mobile social media，mobile social network，mobile social service，social media，social network，social service，twitter，facebook，wechat，blog，与 information sharing，continuous information

[1] Webster J, Watson R T. Analyzing the Past to Prepare for the Future: Writing a Literature Review[J]. MIS Quarterly, 2002: xiii-xxiii.

sharing 组配，年限不限，题名检索，截止日期为 2021 年 3 月 10 日。对检索得到的结果进行筛选，剔除不相关的和非学术文献，并进行回溯检索，扩大文献范围。

2.4.2 国内研究现状

陈明红、孙顺、漆贤军（2017）以信息系统期望确认持续使用（ECM-ISC）模型为基础，从隐私保护视角构建概念模型，通过问卷调研和结构方程建模方法进行实证分析。研究表明，移动社交媒体特性对感知有用性、期望确认度和感知风险都具有正向影响；隐私保护有效性对移动社交媒体特性与感知有用性之间的关系具有正向调节作用。

李晓娥（2011）以 5W 理论为基础，研究和探讨了社交网站（SNS）中网民信息共享的影响因素，发现社交网站的首要功能是信息共享，社交关系网改变了信息共享的路径，二次传播的主体是关系网中的好友，其对信息传播和扩散有显著影响。

杨海娟（2017）认为优质信息共享是社交应用持续健康发展的助推力，而适应性信息共享是提高社交信息质量的有效途径。以微信平台为研究对象，基于社会影响的"推—拉"视角构建微信用户适应性信息共享影响因素概念模型，并通过问卷调研和结构方程建模方法进行实证分析。结果表明，规范性压力、社会连接和形象都显著正向影响微信用户的适应性信息共享。此外，规范性压力对社会连接和形象都产生显著的正向影响。

刘莉（2012）以用户信念为基础，期望确认模型为框架，分别构建了用户持续使用行为模型，并采用问卷调查和结构方程建模的方法，以新浪微博用户为调查对象进行了实证研究，以期能促进对社交网站用户持续使用行为的理解，以及为社交网站服务商提供参考和建议。

郭琨、周静、王一等（2014）检验了自尊和利他主义在 SNS 用户的内容分享态度与内容分享行为之间的调节作用。研究根据人人网上信息的不同类型，把内容分享态度和内容分享行为分成了四类：工具型、思想型、消遣型和情感型。调查对象来自人人网的 231 名用户。

温亮明、余波、张妍妍等（2017）认为社交媒体时代，用户的信息共享行为呈现多种形式。他们分析社交媒体的概念、类型和特征，从任务、技术和行为等方面获取社交媒体信息共享的特征。基于六度分离理论、自我呈现理论和信息共享理论，整合并拓展原始的技术接受模型，选取用户特质、社会身份、网站类型、信息内容作为影响改进后的技术接受模型影响因素，构建可以解释和预测用户在社交媒体中共享信息的影响因素概念模型，意图为社交媒体信息共享效率的评估和改进提供研究框架。

李力、丁宁（2015）整理归纳了国内外对移动社交类应用用户的接受、使用、转移、退出等行为的研究。

2.4.3　国外研究现状

Zhao 等（2012）分析了服务质量和公平对消费者满意度（具体交易满意度和累积满意度）的影响以及对移动增值服务的持续使用行为的影响。

Zhou 等（2010，2011）分别研究了移动即时通信和移动社交网络对用户忠诚度的影响因素，发现网络外部性（network externality）（具体所指的网络规模和感知互补性）和沉浸体验（感知愉悦和注意力集中）对移动即时通信用户的忠诚度具有显著影响，而信息质量和系统质量显著影响移动社交媒体用户的信任度和沉浸体验，进而影响用户的忠诚度。

Chiang（2013）以创新扩散模型为理论基础，研究并检验了兼容性、复杂性、相对优势等因素对社交媒体用户持续使用行为的影响机理。

Pelling 和 White（2009）以原有的计划行为理论（TPB）为基础进行扩展，引入了自我认同和归属感两个变量，预测 17～24 岁的年轻人持续应用社交网站（social networking web sites，SNWs）的意图和行为，研究发现自我认同和归属感影响年轻人对 SNWs 上瘾的倾向，态度、主观规范、自我认同对预测年轻人持续使用社交网站有显著影响，研究结果可用于防止年轻人社交网络成瘾现象。

Sun 等（2014）利用整合技术接受（UTAUT）模型对 320 名 SNS 用户持续使用行为进行调查，结果证明了相较 TAM、TPB 等单一模型，UTAUT 模型能够更好地解释用户持续使用 SNS 的行为，认为感知有用性、使用满意度、信任、主观规范、努力期望、社会影响对用户持续使用 SNS 有重要影响。

2.5　IS/IT 用户行为模型综述

本节对几种主流 IS/IT 用户行为模型进行介绍、分析和比较。本研究指出 EECM-ISC 模型其他 IS/IT 用户行为模型都有较强的解释力，因此将以 EECM-ISC 模型作为本研究的理论基础模型。

2.5.1 技术接受及其扩展的用户行为模型

基于用户接受及其扩展的用户行为模型主要有理性行为理论（TRA）、计划行为理论、技术接受模型、整合技术接受模型的改进和扩展，认为持续使用行为是首次采纳在时间上的延伸，与首次采纳接受信息系统时具有同样的概念集，仍以原有初始采纳信息系统的影响因素作为研究的切入点，解释首次采纳后的用户持续使用行为。

1）理性行为理论

理性行为理论由 Fishbein 和 Ajzen 在 1975 年提出，该理论对于信息管理研究领域的影响深远，技术接受模型及后续的相关研究即是建立在理性行为理论的基础之上，而发展成为信息管理研究领域中以态度和行为意向为主要研究变量的科技接受研究流派（Wixom and Todd，2005）。理性行为理论主要从社会心理学的角度诠释信念（beliefs）、态度（attitude）、意向（intention）、行为（behavior），探讨个人的心理层面从信念到行为的过程，如图 2-3 所示。理性行为理论假设行为意愿会影响用户的行为，关于行为的主观规范则受到行为的规范信念所影响。个人的行为结果则会回馈强化个人行为后果和行为规范的信念。

2）计划行为理论

Ajzen 和 Fishbein（1980）提出 TRA 且认为行为的前导因素是行为意愿，而行为意愿又受到该行为态度或主观规范二者或其中之一的影响。虽然 TRA 对于行为意愿有一定的解释力，但是仍然有学者批评 TRA 对于某些行为没有足够的解释力（Randall and Gibson，1990）。原因是 TRA 模式假定个体对于是否采取某一特定行为是出于完全自愿性控制。

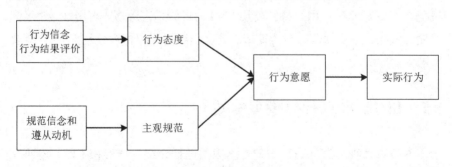

图 2-3　理性行为理论

为了增加 TRA 的预测能力，Ajzen（1985，1989）对 TRA 进行了改进，增加感知行为控制（PBC），如图 2-4 所示，将其称为计划行为理论。并且在许多实证研究数据显示出 TPB 的预测解释能力比 TRA 要高（Ajzen and Madden，1986；Taylor and Todd，1995；Ruy et al.，2003）。

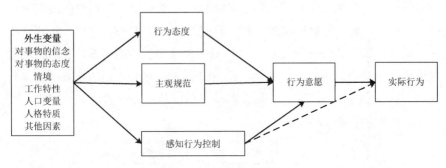

图 2-4　计划行为理论

TPB 以三个阶段来分析行为模式的形成过程：（1）行为意愿可以决定个人行为；（2）行为的态度、主观规范或感知行为控制三者或其中部分决定个人行为意愿；（3）主观规范及感知行为控制取决于对事物的信念、对事物的态度、情境、工作特性、人口变量与人格特质等外生因素。

3）技术接受模型

（1）TAM 模型。Davis（1986）提出了技术接受模型，从技术的感知有用性和感知易用性（PEOU）两个构面分析影响使用者接受信息科技的过程，如图 2-5 所示。技术接受模型将感知有用性和感知易用性视为理性行为理论的信念。其中，感知易用性会影响感知有用性，而使用行为意愿也会受到感知有用性的影响，使用行为意愿则进一步影响实际系统使用。

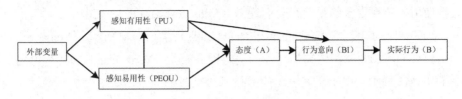

图 2-5　技术接受模型

由于技术接受模型忽略了社会、组织等外部环境对个人心理的影响。因此，Venkatesh 和 Davis（2000）扩充了技术接受模型，加入了主观的行为规范，移除了态度构面而提出了技术接受模型 2（TAM2 模型）理论。

（2）TAM2 模型。Venkatesh 和 Devis（2000）提出了 TAM 模型的扩充

模式（TAM2 模型），确定和理论化感知有用性的一般决定因素，也就是主观规范、印象、工作相关性、产出质量、感知易用性，以及两个调节变量，即经验和自愿性，如图 2-6 所示。TAM2 模型提出了两个理论性的过程，社会影响和认知工具性的过程，用来解释感知有用性和行为意向各种决定因素的影响。在 TAM2 模型中，主观规范和印象是感知有用性的两个决定因素，它们代表了社会影响的过程。根据 Kelman（1958，1961）对社会影响的研究，以及 French 和 Raven（1959）对权力影响的研究，TAM2 模型理论化三个社会影响机制：顺从（compliance）、内化（internalization）与认同（identification），这三个社会影响机制即是从众行为的三个层次，有助于我们理解社会影响的过程。

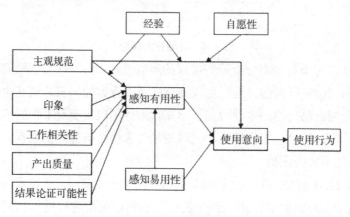

图 2-6　TAM2 模型

TAM2 模型假定主观规范和印象分别经由内化和认同会正面影响感知有用性。它进一步理论化主观规范对感知有用性和行为意向的影响，将随着使用者获得更多的系统经验而递减（Venkatesh and Bala，2010）。

（3）TAM3 模型。Venkatesh 和 Bala（2008）结合 TAM2 模型（Venkatesh and Davis，2000）和感知易用性的决定因素模型（Venkatesh，2000）提出了 TAM3 模型，用于研究组织的新技术采纳影响因素，如图 2-7 所示。在 TAM3 模型提出了一个完整的个人 IT 采纳和使用决定因素的理论关系网络。主要有三项理论性扩充 TAM2 模型和感知易用性的决定因素模型，分别是经验调节影响感知易用性和感知有用性，计算机焦虑和感知易用性，感知易用性和行为意向的关系。

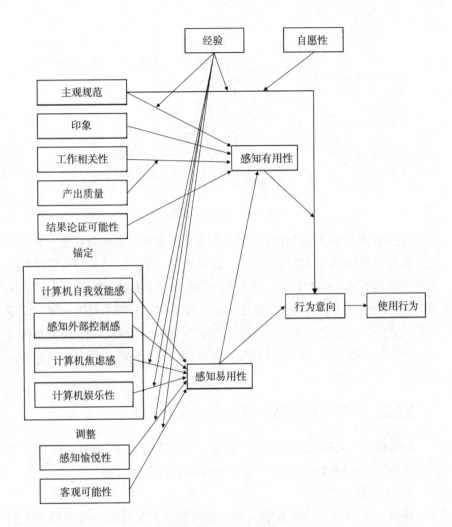

图 2-7　TAM3 模型

4）整合技术接受模型

Venkatesh 等（2003）提出了整合技术接受模型，用来解释和预测使用者接受与使用信息科技的行为，如图 2-8 所示。UTAUT 模型回顾并结合过去学者所做的各种科技接受模型中对使用意向与使用行为的影响因素后，成功整合了包括理性行为理论、技术接受模型、计划行为理论等八大理论模型。

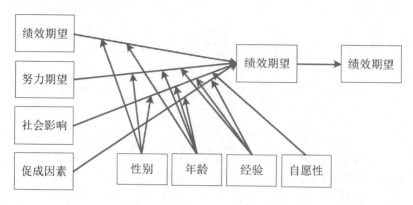

图 2-8　UTAUT 模型

Venkatesh 等提出的 UTAUT 整合理论中，主要包括绩效期望、努力期望、社会影响和促成因素四类因素，其中性别、年龄、经验和自愿性是四个干扰因素变量。在 UTAUT 模型中，影响信息科技的行为意愿有绩效期望、努力期望、社会影响三个决定因素，而使用行为则由行为意愿与促成条件因素所共同决定。Venkatesh 等（2003）研究显示 UTAUT 模型对科技使用行为的解释力可以达到 70.0%，而研究中所回顾的八大模型理论的解释力仅有 17.0%至 53.0%。

2.5.2　期望确认及其扩展的用户行为模型

期望确认及其扩展的用户行为模型主要包括期望确认理论（ECT）、信息系统期望确认持续使用模型、扩展期望确认持续使用模型。

1）期望确认理论

还有一类则是通过重新引入新的参考理论框架以及与原来完全不同的研究变量来构建信息系统持续使用理论模型。持续使用理论源于期望确认理论（Oliver，1981），该理论从消费者行为学中衍生而来，其主要观点是比较用户的预先期望（pre-exposure expectations）和使用后的感知绩效（post-exposure perceived performance）的差别，以此来判断对产品、服务的满意与否，用户对使用后的满意程度是产生持续使用行为意图的关键。ECT通过变量期望（expectation）、感知绩效、确认/不确认、满意度来评估消费者的满意度以及消费者购买后行为意图，如图 2-9 所示。

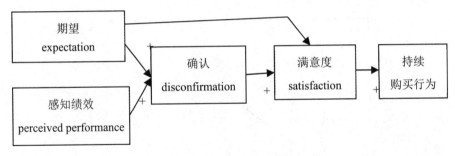

图 2-9　期望确认理论模型

ECT 适合解释人类各种持续使用行为，是最基础的理论之一。早期的研究集中在消费者行为学领域，随着信息技术的改进和科学研究的不断深入，期望确认理论被广泛应用在 IS 服务持续使用预测中，也被不断地证明其强大的解释效力。但是在期望确认理论中，没有考虑用户使用 IS 过程中期望的动态性，它是一个随着用户使用而不断变化的影响因子，使用前与使用后对于用户来说期望是不同的。Bhattacherjee 以 ECT 为基础，依据"期望/感知绩效—确认—满意度—持续使用意图"的范式结合 IS 的特点，提出了全新的 IS 持续使用模型。

2）信息系统期望确认持续使用模型

因 ECT 存在的缺陷和争议，为了能够更加适合在信息系统领域使用，Bhattacherjee 将 ECT 做出了部分修正，提出了信息系统期望确认持续使用模型，如图 2-10 所示。Bhattacherjee 指出在信息系统范围，满意度同样显著影响持续使用意愿，并论证了这个论点。[1][2][3]

Bhattacherjee 提出的 ECM-ISC 模型理论修正内容如下。

（1）此模型仅侧重于接受后变量（post-acceptance），原因是接受前变量（pre-acceptance）的影响已被涵盖在确认（confirmation）以及满意度的变量内。

（2）ECT 中仅调查初始期望，因期望可能因为时间与经验而产生改变，所以此模型特别注重体验后的期望。

[1] Inteco.Why do People Choose ISPs and Why do They Drop Them. Inteco Corporation Press Report, 1998.9

[2] Karahanna E, Straub D W, Chervany N L. Information Technology Adoption across Time: a Cross-Sectional Comparison of Pre-adoption and Post-adoption Beliefs. MIS quarterly, 1999: 183-213.

[3] Taylor S, Todd P. An Integrated Model of Waste Management BehaviorA Test of Household Recycling and Composting Intentions. Environment & Behavior, 1995, 27(5):603-630.

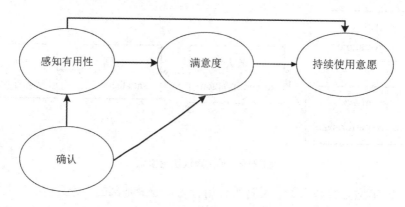

图 2-10　ECM-ISC 模型

（3）体验后的期望被表示为感知有用性，此概念与 ECT 所定义的期望一致，而感知有用性正好可以代表使用者对于信息系统有显著的感知信念（Davis，1989）。

Bhattacherjee 修正 ECT 模型以及融入 TAM 模型的感知有用性，用以探讨信息系统使用者的满意度以及持续使用意愿，其关键变量含义如下。

（1）确认：个人在使用信息系统前内心所期望获得的效果，与个人使用信息系统后所获得的绩效表现，两者的一致程度。确认程度会对感知有用性和满意度产生影响。

（2）感知有用性：TAM 模型中，使用者是否接受信息系统主要是受到感知有用性和感知易用性两个变量所影响，并且是影响信息系统使用意愿的主要原因；ECT 模型中，期望与感知绩效并没有直接连接到持续使用意愿上。而 Bhattacherjee 将 TAM 与 ECT 的关系加以连接，使感知有用性对使用意愿与满意度有正向的影响。

（3）满意度：Oliver（1980）于 ECT 中将满意度定义为事前期望确认的比较效果；而 Oliver（1997）提出了新的定义，满意度为一种愉悦的满足，满足欲望以及需求。而 Bhattacherjee（2001）则是将满意度定义为个人实际使用信息系统对于使用者产生的影响，同时满意度也会影响长期的顾客忠诚度，影响他们持续使用以及重复购买的意图。

（4）信息系统持续使用意图（IS continuance intention）：Bhattacherjee（2001）着重信息系统使用后的行为决策模式。对于信息系统的感知有用性以及满意度皆有正向的评价情况下，使用者对于信息系统的使用选择度也会越高。

3）扩展期望确认持续使用模型

由于 ECM-ISC 模型存在各种问题，Bhattacherjee（2008）对其进行了修改，主要集中在以下几个方面。扩展期望确认持续使用模型如图 2-11 所示。

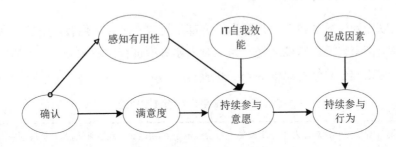

图 2-11　EECM-ISC 模型

第一点，Bhattacherjee 认为感知有用性是一个使用后的概念，因此使用"用后有用性"来替代"感知有用性"。他指出用后有用性是否对满意度产生影响，这个观点还需要进一步论证。

第二点，在模型中加入了持续使用行为变量。Bhattacherjee 认为预测用户行为是模型的最终目标。但是，意愿并不代表实际用户行为，用户意愿可能由于一些外在干扰因素的影响而被用户放弃。Bhattacherjee 通过研究相关资料发现，有些意愿和行为之间有高度的关联性，如投票行为与投票意愿关联度高达 92.0%[1]；有些关联度很小，例如考试作弊意愿和行为的相关性系数只有 2.0%。在信息系统研究领域，两者之间的关联度并没有学者验证，因此，Bhattacherjee 在模型中加入了持续使用行为变量。

第三点，在模型中引入了促成因素变量。Bhattacherjee 认为，存在一些促成因素将他们的持续参与意愿转变为持续参与行为。例如，由于技术手段的缺乏或是外界资源的不足，可能会导致用户放弃某些有使用意愿的系统。对于这一类问题，Bhattacherjee 参考了 Ajzen（1985）的计划行为理论中的方法，引入了感知行为控制，该理论是指一个人能够在多大程度上相信自己对自身的行为拥有足够的控制。[2]

---

[1] Kelley S, Mirer T W. The Simple Act of Voting. American Political Science Review, 1974, 68(2):572-591.

[2] Ajzen I, Madden T. Prediction of Goal-directed Behavior: Attitudes. Journal of Experimental Social Psychology, 1986, 22(5):453-474.

Bhattacherjee 参考了其他学者的研究成果[1][2][3]，讨论了促成因素和自我效能对于行为和意愿的影响，总结除了意愿受到自我效能的影响，行为则主要受促成因素的影响。

2.5.3　行为模型比较

以上回顾的 IS/IT 用户行为模型都是比较常见和应用较广泛的。各理论模型都有自己的特殊之处，为了对主要模型进行比较和分析，本研究将这些理论模型总结并比较如表 2-6 所示。

表 2-6　IS/IT 用户行为模型比较

理论模型	理性行为模型	计划行为理论	技术接受模型	整合技术接受模型	期望确认理论	期望确认持续使用模型	扩展期望确认持续使用模型
分析单位	个体用户	个体用户	个体用户	个体用户	个体用户	个体用户	个体用户
学科背景	社会心理学	社会心理学	管理信息系统	管理信息系统	市场营销学	管理信息系统	管理信息系统
关键变量	态度、主观规范	态度、主观规范、感知行为控制	感知有用性、感知易用性	绩效期望、努力期望、社会影响	期望、确认、满意	感知有用性、确认、满意度	感知有用性、确认、满意度、促成因素
理论构建者	Fishbein and Ajzen，1975	Ajzen，1991	Davis，1989	Vehkatesh，2003	Oliver，1980	Bhattacherjee，2004	Bhattacherjee，2004
引入IS/IT，或加以拓展	Davis et al.，1989	Mathieson，1991；Tayloer and Todd，1995	Venkatesh and Davis，2000；Venkatesh，2003	Venkatesh，2003	Bhattacherjee	Bhattacherjee，2004	Bhattacherjee，2004

技术接受及其扩展的用户行为模型主要应用于用户初始采纳行为的

---

[1] Venkatesh V, Morris M G, Davis G B, et al. User Acceptance of Information Technology: Toward a Unified View. Mis Quarterly, 2003, 27(3):425-478.

[2] Terry D J, O'Leary J E. The Theory of Planned Behaviour: the Effects of Perceived Behavioural Control and Self-efficacy. British Journal of Social Psychology, 1995, 34 (Pt 2)(2):199.

[3] Compeau D, Higgins C A, Huff S. Social Cognitive Theory and Individual Reactions to Computing Technology: a Longitudinal Study. Mis Quarterly, 1999, 23(2):145-158.

研究，有些学者将其应用于用户持续行为研究，主要存在以下不足：技术接受及其扩展的用户行为模型的理论思路是延续用户初始采纳行为时的态度、意向去预测和分析用户的持续行为，其构建的模型对用户持续行为的解释度不高，已有学者验证了此观点（Limayem，2003），究其原因，持续行为不单单是初始采纳的延续，它还受到心理、社会等各方面的影响。因此，采用技术接受及其扩展的用户行为模型解释用户持续行为具有一定的局限性。

期望确认及其扩展的用户行为模型摒弃了原有初始采纳研究持续行为的思路，较为适合解释和预测用户持续行为，其中扩展期望确认持续使用模型经过改进（具体内容参见 2.5.2）相比于其他 IS/IT 用户行为模型都有较强的解释力，但是将其用于解释和预测移动社交媒体环境下用户持续信息共享行为这一新环境下的新问题，仍然存在模型单薄、解释力不强、未考虑移动性环境等诸多问题。因此本研究将以扩展期望确认持续使用模型作为理论基础模型，融合使用与满足理论、社会认知理论、D&M 模型、社会资本理论、感知价值理论、感知风险理论构建全新的移动社交媒体环境下用户持续信息共享行为模型，用以解释和预测用户持续信息共享行为，促进用户信息共享频率和质量的提升并增强用户黏性。

EECM-ISC 模型从心理学角度解释和预测用户行为，具体来说，EECM-ISC 模型是关于用户对 IS 感知有用性和满意度期望得到确认程度的解释和分析。期望为用户提供了评估 IS 实际性能的一个基准水平，反过来，用户的确认（不确认）又决定用户是否满意。该模型认为用户 IS 持续意愿主要受期望、感知有用性、满意度的影响。移动社交媒体环境下用户持续信息共享行为主要涉及各利益相关方之间的交互。期望是用户对于参与信息共享，相关方提供的信息与承诺能够满足其参与动机背后价值的预测和期待；感知有用性是用户使用移动社交媒体能够随时随地方便高效地进行网络交往和信息交流的程度；满意度是用户心理状态的体现，是基准水平与实际心理感受的判别，是对付出的代价与收益的评估。移动社交媒体作为实现信息交流的新兴媒介，它具备了信息系统的特征，因此，以EECM-ISC 模型为理论研究基础具有合理性。但是，该模型只研究了感知有用性和满意度对用户持续行为的影响，将其归因于应用后的感受或态度，忽视了其他外部社会环境对持续行为的影响，用户持续行为过程中容易受到用户心理的、认知的、外部环境等因素的影响。

综上，本研究认为 EECM-ISC 模型对移动社交媒体环境下用户持续信息共享行为的解释比较单一，可能不能提供足够的洞察力以了解用户信息共享的持续性，其预测和解释能力也相对不足。

本研究为了全面地体现用户持续信息共享行为心理、认知的变化对行为的预测和影响，以 EECM-ISC 模型为基础，以社会认知理论的"认知—环境—行为"理念关注动态环境下用户认知的变化，分析用户以往经验与观察习得认知对持续行为的影响；以社会资本理论分析外部环境对持续信息共享行为的影响，从而了解社会环境变化对用户个体内部动机变化的影响；以感知价值理论、感知风险理论、使用与满足理论挖掘用户的动机驱动及其背后价值，掌握用户心理动机变化的规律。整合上述理论，以更加全面、准确地解释"为什么用户持续共享信息？"，以及挖掘移动社交媒体环境下用户持续信息共享行为的规律。

2.6 研究述评

通过回顾移动社交媒体、信息共享及信息系统用户持续行为等相关研究文献可以发现，尽管相关领域已经取得大量研究成果，它们为本研究提供了很好的理论基础和较高的理论起点，但仍然存在以下问题和不足。

（1）关于移动社交媒体的研究文献比较多，但是多集中在关于移动社交媒体技术的研究、移动社交媒体用户隐私的研究等，关于移动社交媒体环境下用户持续信息共享行为的研究文献非常少见。

（2）信息共享的研究多集中在网络环境下用户信息共享影响因素上，对持续性信息共享行为关注较少，且鲜有研究关注移动社交媒体环境下用户持续信息共享行为。

（3）在实证研究方面，大部分研究使用单一理论对用户持续信息行为进行研究，如社会资本理论角度，或个体认知角度，等等，但是移动社交媒体环境下用户持续信息共享行为是一个动态、复杂的过程，单一理论或视角无法全面解释用户持续信息共享行为，需要多种理论的整合。

（4）现有实证研究中，多以用户持续信息意愿代替用户持续信息行为作为研究的结果变量，将意愿等同于行为，但实证研究发现两者的相关系数仅为 0.35[1]，因此将用户持续信息意愿代表用户持续信息行为缺乏科学性。所以，需要重新对用户持续信息行为与用户持续信息意愿的关系进行再研究。此外现有实证研究中，关于研究数据多以单次调查问卷的方式获取静态界面数据，无法体现用户持续信息行为过程的变化，有待改善。

（5）通过对几种主流 IS/IT 用户行为模型进行了介绍、分析和比较。本研究指出 EECM-ISC 模型其他 IS/IT 用户行为模型都有较强的解释力，因此将以 EECM-ISC 模型作为本研究的理论基础模型。

针对现有研究存在的问题和研究空白，本研究从理论和实践两种视角出发，以 EECM-ISC 模型为基础，借鉴前人研究成果，构建移动社交媒体环境下用户持续信息共享行为模型，并对构建的模型进行实证分析。然后，对实证分析结果进行总结和讨论，进而提出实践启示和发展策略。

2.7　本章小结

为了解决本研究提出的问题，本章从移动社交媒体研究、信息共享行为研究、IS/IT 用户持续行为研究、移动社交媒体环境下用户持续信息共享行为研究和 IS/IT 用户行为模型综述五个方面对现有研究文献进行了梳理和述评。通过对现有研究文献的综述，本研究指出现有研究文献对于移动社交媒体环境下用户持续信息共享行为缺乏解释力。通过对几种主流 IS/IT 用户行为模型进行了介绍、分析和比较，本研究指出 EECM-ISC 模型其他 IS/IT 用户行为模型都有较强的解释力，因此将以 EECM-ISC 模型作为本研究的理论基础模型。

[1] Davis F D. Perceived Usefulness, Perceived Ease of Use, and User Acceptance of Information Technology. Mis Quarterly, 1989, 13(3):319-340.

第 3 章　移动社交媒体环境下用户持续信息共享行为理论研究

移动社交媒体环境下用户持续信息共享行为涉及技术特征、环境以及个体用户等多种因素影响，探求移动社交媒体环境下用户持续信息共享行为机理，是系统理解和分析用户持续信息共享行为和构建用户持续信息共享行为模型的前提。因此，本章首先分析了移动社交媒体环境下用户持续信息共享行为机理，从微观、中观、宏观三个层面分析了用户持续信息共享行为的动机，探讨了用户持续信息共享行为的形成过程，从心理学视角和社会学视角分析用户持续信息共享行为。其次，选取社会认知理论等相关理论作为本研究的理论基础。最后，提出了本研究的研究框架。

3.1　移动社交媒体环境下用户持续信息共享行为机理

"机理"是系统中各个要素的内在工作方式以及它们在一定环境下相互联系、相互作用的规则和原理。[1]移动社交媒体环境下用户持续信息共享行为机理研究旨在探讨用户采纳移动社交媒体进行信息持续共享行为形成的原因要素及相互关系，用户持续信息共享行为是如何在外界环境的刺激下形成的。本研究试图从移动社交媒体的特征与类型、用户持续信息共享行为动机、用户持续信息共享行为分析、用户持续信息共享行为形成过程四个方面进行分析。

3.1.1　移动社交媒体特征与类型

3.1.1.1　移动社交媒体特征

对比传统社交媒体，移动社交媒体存在及时性、互动性和便利性的优点，这些优点能够使用户与朋友之间的交流沟通不再受时间和空间的限制，

---

[1] 周艳丽. 旅游目的地品牌形成机理研究. 燕山大学, 2013：14.

从而不断吸引用户，激励用户使用。[1]基于移动社交媒体的优点，Wang 等（2014）认为移动社交媒体具有移动性、网络外部性、群体效应和长尾效应（long tail effect）等特征，此外还有一些其他特性。具体而言，移动社交媒体的特性如下。

1）移动性

移动社交媒体的最大特点是移动性，这是区分移动社交媒体与社交媒体的最重要依据。移动互联网的发展和智能手机的普及使人与人之间的信息共享不再受时间和空间的限制，用户不需要再依赖 PC 端的网页获取信息，也不再需要为社交预留固定的时间，而是可以通过移动设备随时随地地享受与朋友的交流互动。移动性主要的优势在于移动的自由、独特性、定位导向、便利性和个性化。这种转变在为用户之间的信息共享提供便利的同时，也使人们使用移动社交媒体的时间变得越来越碎片化。实质上随着用户使用频率的激增，用户与移动社交媒体接触时间面在逐步扩大，这对用户持续信息共享问题的研究提出了新挑战。

2）用户可定位性

用户可定位性是移动社交媒体的核心属性。该特性为用户传统的交友模式带来革新的空间。一是结交陌生人。移动终端用户可以通过多种定位技术准确定位用户的地理位置，社交应用开发商可以根据这一特性开发基于用户某一时刻所处的地理位置信息的各种应用，用户的交友模式也由通过朋友或同事的强连接模式，转变为基于用户的地理位置来结交朋友，是一种可以通过弱连接结交朋友的模型。二是使得多维化社交成为可能。如微信是基于手机通讯录或是 QQ 好友通讯录建立的好友关系，也可以通过"摇一摇""附近的人"等功能结识陌生人。这些为用户持续信息共享提供了新途径、新方法，给用户持续信息共享研究和管理带来了新挑战。

3）覆盖范围更大

传统的社交媒体服务基于个人电脑，设备昂贵，进入门槛高，移动互联网时代的到来让智能手机等移动终端的价格平民化，移动终端用户大幅度增加，因而移动社交媒体的覆盖范围较之传统的更广。

---

[1] Zhou T, Lu Y, Wang B. Integrating TTF and UTAUT to Explain Mobile Banking User Adoption. Computers in Human Behavior, 2010, 26(4):760-767.

4）移动社交媒体的网络外部性

移动社交媒体也是一种社交网络，具有网络外部性，又称网络效应（network effect），是指用户从一项产品或服务中获得的价值会随着用户整体数量、附加产品或服务的数量的增多而加大。[1]著名的梅特卡夫定律曾以一种简洁明了的方式给出了网络经济的核心特征，即"网络价值与网络节点数量的平方成正比"。在网络经济中，其产品和服务除了自身对个体用户的使用价值之外，大多数还拥有着固定的协同价值，而协同价值的独特性在于当有新用户加入已有产品或网络时，该协同价值将会自发地实现自身价值的激增，进而使得老用户从其参与过程中获得额外的价值。网络效应具体可以分为直接/同边网络效应和间接/交叉网络效应。如图3-1所示。

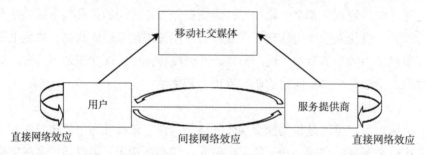

图 3-1　移动社交媒体网络外部性

直接/同边网络效应指单个用户所获得的价值随着同类用户整体数量的增加而增加。这一点不难理解，最初使用移动社交媒体的原因，不外乎是周边的朋友都在使用，随着越来越多的朋友加入移动社交媒体，用户就能建立起与实际生活中等同的朋友网络，与朋友之间的交流沟通也变得越来越便利。作为网络效应利用的典范，微信就是利用用户之间的关系网络实现了价值激增。

间接/交叉网络效应是指单个用户所获得的价值随着另一类用户数量的激增而增加，在移动社交媒体中，另一类用户便是指附加产品/服务提供商。

5）移动社交媒体的长尾效应

移动社交媒体同样具有互联网络的长尾效应。其中正态曲线中间的突

---

[1] Katz M L, Shapiro C. Network Externality, Competition and Compatibility. American Economic Review, 1985, 75(3):424-440.

起部分叫"头"，两边相对平缓的部分叫"尾"。[1]从用户需求的角度出发，头部集中了大部分的需求，被称为"流行"，而分布在尾部的需求，被称为"个性"。移动社交媒体推动了内容与人际关系的爆炸性发展，并使自身逐渐演变成一个丰富的信息平台。该平台的信息活跃程度必然存在一个非常壮观的正态分布曲线，该曲线的头部聚集了大量的热门信息，并由微信、微博等主流移动社交媒体占据，而该曲线的尾部聚集的是一些原创却较为小众的信息内容。尽管这些小众信息共享数量不多，但聚集在一起也能形成比较可观的信息数量。由于移动社交媒体长尾效应的存在，对其用户持续信息共享行为进行系统的、多视角整合研究是十分迫切和有意义的。

上述移动社交媒体的特性，极大地改变了用户获取信息、共享信息的游戏规则，也孕育了在线社交和信息共享的诸多需求。移动社交媒体是近些年来才出现的网络平台，是充满潜力的移动网络新生事物，移动社交媒体上的用户持续信息共享行为也开始流行，充满了探索者的身影，急需理论上的指导。而国内外对此研究也是刚刚起步，理论研究较少，没有对此形成完整的、成体系的研究。且信息共享活动是移动社交媒体最活跃的应用之一，因此，研究基于移动社交媒体的用户持续信息共享行为具有重要的理论和现实意义。

3.1.1.2　移动社交媒体类型

关于移动社交媒体的分类有多种方法，这里笔者按照功能属性划分，种类如下。

1）交友媒体

交友媒体是现实社会中朋友关系和社交网络的映射，由于其方便、快捷，吸引了大量用户参与。国内外参与人数较多的交友媒体有：Facebook、Myspace、微信（Wechat）、人人网和开心网等。另外还有面向商务人士的XING（德国职业社交平台）和领英（LinkedIn）。

2）协作式工具

协作式工具基于移动社交媒体用户信息共享的特点和群体智慧的力量，用户可以将其成果在协作式工具平台发布，以维基百科和百度百科等为代表。

---

[1] Anderson, C. The Long Tail: Why the Future of Business Is Selling Less of More, New York: Hyperion, 2006.

3）博客

博客提供了博客发布和用户关注服务，博客仅有作者或机构才能修改和完善，这是其与协作式工具的最大区别。国内外用户数量较多的博客站点有谷歌博客（Google Blogger）、Twitter、新浪博客和 QQ 空间等。

4）信息共享媒体

信息共享媒体主要用于用户检索、发布、共享媒体资源，如视频、图片、音乐等。有以图书漂流（Book Crossing）、百度文库为代表的文本文件共享平台；有以雅虎网络相册（Flickr）、百度图片为代表的图片共享平台；有以 Youtube、爱奇艺等为代表的视频共享平台。

5）即时通讯媒体

即时通讯媒体是实时交流的平台，用户有自己的联系人列表。它支持两个或两个以上的用户使用移动互联网络进行文本、音频或视频的信息交流。国际代表性即时通讯媒体有 MSN、Skype，国内有 QQ 和微信等。

3.1.2　用户持续信息共享行为动机

本研究以移动社交媒体为研究对象，分析了不同层面（个人、群体和社会）影响用户持续信息共享的动机。

3.1.2.1　微观视角：个人层面

1）情绪表达

情绪表达的分享动机主要源自人们与生俱来的特质，觉得自己内心有表达情绪的欲望，并且希望自己的声音被他人听见。在共享信息的同时，移动社交媒体提供的信息共享环境，打破了现实生活场域对活动的限制，为用户提供了更为便捷和碎片化的表达渠道。

另外，共享也能给自己或他人带来快乐，最初的快乐是来源于自己将感受抒发出来的愉悦，后来发现这些信息同时也能让他人感到受用，产生共鸣，接收到他人的感谢或鼓励，于是更加肯定自我共享信息的价值，认为透过信息共享格外能体会到自我的存在感，进而愿意持续共享下去。

2）社会交往

根据使用与满足理论，人们需要在与其他人的互动中获得归属感。[1]

---

[1] Rubin A M. Uses, Gratifications, and Media Effects Research. Perspectives on Media Effects, 1986: 281-301.

网络已经成为大多数用户人际交往的一种重要的手段。[1]Howard 等（2008）发现社交需求对网上信息服务应用具有正向相关性。对于社交媒体的作用，Dunne 等（2010）研究发现为了维持与好友建立的关系，加强与好友间的沟通与交流会使人们更热衷于社交媒体。当用户在共享信息时，他的好友能够通过评论的方式与共享者进行互动，属于用户间的一种社交体验。因此，移动社交媒体可以增强用户之间的联系。

3）寻求认同

自我认同是指用户在移动社交媒体信息共享过程中，在一定范围内建立的认同感。调查显示，通过更多的信息共享和意见交换，用户可以增强其荣誉感和受欢迎程度。[2]Park 等（2009）研究发现，自我认同与用户参与的积极程度、信息共享及见解分享的频繁程度存在显著的正向相关性。自我认同会让用户感觉到自己说的话具有权威性和代表性，于是更乐于将信息共享给其他用户。

但是，若用户有一段时间都没有共享信息或发表评论，认同感很有可能出现下滑，因此若用户要保持认同感，需要持续不断地进行信息共享。

3.1.2.2　中观视角：群体层面

1）互惠关系

信息共享同时也是互惠的过程，实证研究中证明互惠是影响用户持续信息共享意愿的显著因素。对于信息共享的个体来说，互惠关系是他们共享的动机之一，他们表示自己也因为阅读他人的移动社交媒体分享内容而获得许多东西，所以愿意将信息共享出来，而且认为只有当众人都保持着这样开放的态度，相互沟通和共享行为才能持续开展。

另一项互惠条件则是读者的回馈。首先，虽然读者的回馈不一定是物质上的报酬，但是简单回应的几句话或是提醒与所共享信息相关的信息，都会让信息共享的用户感到开心，读者从移动社交媒体上得到了信息需求的满足，信息共享用户则从读者身上得到精神上的回报。其次，有些移动社交媒体在物质层面上会给予一些奖励，这体现在如虚拟货币、纪念品或是提高信息共享活跃用户的等级等。

---

[1] Papacharissi Z, Rubin A M. Predictors of Internet use. Journal of Broadcasting & Electronic Media, 2000, 44(2): 175-196.

[2] Rafaeli S, Ariel Y. Online Motivational Factors: Incentives for Participation and Contribution in Wikipedia. Psychological Aspects of Cyberspace: Theory, Research, Applications, 2008: 243-267.

2）群体需求

此外，用户也因为想要与其他人互动、交流从而选择在移动社交媒体共享信息。毕竟每个人的生活圈有所局限，未必能在现实生活中接触到志趣相投的人，而移动社交媒体聚集相同爱好用户的功能，恰好满足了用户在这方面的需求，移动社交媒体可以吸引具有相同特质的人前来互动，甚至会因为长时间的交流而彼此产生归属感。

当然，移动社交媒体信息共享的对象不仅仅是网友，还包括原本就熟识的亲朋好友，因为生活节奏加快、生活步调忙碌的关系，彼此见面可能没有那么频繁，于是许多用户也会利用移动社交媒体联络感情，表达对亲朋好友的关心。如同本研究在上面所提到的读者会对共享者的信息抱有期待，相对地，信息共享者也会对读者的回应抱有期待，若是久久没有看到读者的回应与互动，也会影响用户持续信息共享的热情和信心。

因为移动社交媒体具有直接、自由度较高的特点，用户可以在信息被共享之后，立刻看到读者的回应，达到意见交流的功效，也可以掌握读者群的喜好与动向，对广大用户来讲，这是一种既省时又省力的信息共享方式。

3.1.2.3　宏观视角："碎化"的社会结构

现代社会生活中，数量庞大的个体虽然生活在一起，但关系疏离，缺乏精神寄托及无人协助的困境是个体所面临的问题。移动社交媒体的出现为社会回到过去初级群体关系密切的那种状态提供了可能性。

移动互联技术使得个体可以很容易地组建一个虚拟交流社群，交友范围比现实社会有了很大的扩展。移动社交媒体以匿名化、互动性等特征满足了用户现实社会无法实现的心理需求，用户在进行信息共享和交流的同时可以找到情感归属和精神寄托。在移动社交媒体中的一次信息共享行为可能会引起"蝴蝶效应"，从随手拍解救被拐儿童所引发的巨大社会力量到发朋友圈帮助销售滞销农产品，移动社交媒体所聚集的巨大行动力和影响力对参与者来说是一种信心的强化。"碎化"的社会结构通过移动社交媒体的应用得到了一定程度上的组合，使用户的交往需求和情感得到了满足。

3.1.3　用户持续信息共享行为分析

3.1.3.1　心理学视角

心理学视角下用户持续信息共享行为分析的理论基础为使用与满足

理论、感知风险理论和感知价值理论。移动社交媒体的可持续发展很大程度上取决于用户持续信息共享，那么激励用户不断地共享信息是移动社交媒体成功的必要条件，因此挖掘用户持续信息共享背后的动机有利于移动社交媒体的发展。动机是用户行为发生的内在驱动力，早期 Herzberg（1959）将动机划分为激励动机和保健动机。激励动机包括信任、自由、职业发展、满足感、贡献、认同、成就，保健动机包括薪酬、地位、风险、安全等。随着研究的深入，学者将动机的来源划分为内在动机和外在动机。内在动机是基于任务或活动相关的满意度而非外部压力，如自我满足、娱乐、享受、心流体验等；外在动机是受到外部激励驱动的，如名声、同行认可、自我营销、社会互动等。就其本质而言，外在动机体现了马斯洛需求的生理需求和安全需求，内在动机对应马斯洛需求的归属需求、尊重需求和自我实现。

本研究依据使用与满足理论、感知风险理论和感知价值理论从内在动机和外在动机提炼移动社交媒体环境下用户持续信息共享行为的关键影响因素，不仅从积极的方面考虑用户持续信息共享行为的动机，还将消极的、阻碍用户持续信息共享行为的因素纳入考察范围，为全面考察用户持续信息共享行为提供了新视角。移动社交媒体环境下，用户参与信息共享活动并从中得到乐趣、享受等内在情感的抒发；或是用户的信息共享行为不仅可以使信息共享者和信息接受者得到广义上的互惠[1]，同时在某种程度上也可以促进自身的发展，用户都会感受到信息共享行为的价值，产生满足感和心流体验，继而沉浸其中，持续进行信息共享活动。感知风险则是阻碍用户持续信息共享行为的因素，主要指用户在信息共享活动中可能产生的隐私泄露、信息窃取等后果。

3.1.3.2 社会学视角

社会学视角下用户持续信息共享行为分析的理论基础为社会认知理论和社会资本理论。

社会认知理论认为环境因素和人的认知共同决定了人的行为。环境因素会影响用户持续信息共享行为。环境因素包括资源、移动社交媒体的组织形象和技术支持等物理条件（信息质量和系统质量）、行为结果等。环境

[1] Wasko M M L, Faraj S. Why should I share? Examining Social Capital and Knowledge Contribution in Electronic Networks of Practice. MIS Quarterly, 2005: 35-57.

因素中的行为结果对用户持续信息共享行为有重要影响，用户在以往信息共享行为的经验中，用户期望的结果与实际一致，那么将会促进用户持续信息共享行为，反之则会阻碍用户持续信息共享。另外，平台资源、其自身 IT 技能等都会影响用户持续信息共享行为，如果用户根据以往的信息共享经验感到移动社交媒体技术很难掌握，那么就会降低自我效能，从而导致用户持续行为中断。用户认知与环境因素的交互反映了在动态的用户持续信息共享行为中用户的认知不是永远不变的，而会受到环境因素的修正。从社会认知理论看用户持续信息共享行为，其作用机理可以理解为"认知—意愿—行为—再认知"的循环过程，是用户在先前主观认知和综合评价的基础上，通过与预期期望相比较，进而评估自己的共享行为的过程。这个过程中用户的认知受到环境、行为的影响。

社会资本理论的关键是社会关系有利于资源生产。Nahapiet（1998）将社会资本定义为实际和潜在资源的总和，将其划分为结构维和关系维，并指出这些资源来自个人或组织所拥有的关系网络。信息共享者与信息需求者通过移动社交媒体进行互联，结构维强调贡献者、需求者和移动社交媒体三者中两两之间的联系程度，这种联系通过三者之间相互作用的程度和频率来表示，如果关系紧密并且相互作用频繁，则归属感更强，从而促进用户的持续信息共享。反之，则会阻碍用户持续信息共享。关系维中，信任是支撑信息共享者长久共享的社会资本。大多数相关理论认为信任是社会行为决策最重要的影响因素，它可以看作人们之间相互社会学习和期望确认的描述，用户希望信息共享建立在诚实、可靠的基础之上，在以往的信息共享活动过程中所建立的信任程度越高，则更趋向持续信息共享，从而增进双方的互惠关系。无形的社会资本是重要的社会资源，它有助于促进网络条件下用户的社会互动行为，通过互动实现相互之间的信任、规范，从而促进用户持续信息共享的意愿和行为。

3.1.4　用户持续信息共享行为形成过程

移动社交媒体环境下用户持续信息共享行为是一个复杂的过程，它是指用户在完成初始信息共享操作后未中断地使用移动社交媒体并继续共享信息的行为。从用户行为角度认为用户持续信息共享行为是用户的决策行为，是在充分认知以往行为的基础上，衡量各种因素条件后决定是否继续参与信息共享的行为。一般来说，这个过程主要有以下三个阶段：第一，主体所理解的信息管理理念和移动社交媒体的功能相同；第二，挖掘主体潜在的使用需求，扫除用户使用移动社交媒体信息共享的障碍因素，促使用户信息共享行为发生；第三，用户在完成初始信息共享任务后，权衡各种因素条件，判断是否继续进行信息共享行为。Quellette 和 Wood（1998）指出对过去行为的充分理解可以预测未来的行为意愿，并将过去行为对未来行为的作用过程划分为有意识阶段和无意识阶段。因此，本研究将移动社交媒体环境下用户持续信息共享行为形成过程，划分为无意识的用户持续信息共享行为过程（无意识持续过程）和有意识的用户持续信息共享行为过程（有意识持续过程）。无意识的持续行为指的是用户通过先前在移动社交媒体环境下信息共享的经验直接决定了持续信息共享的意愿，是一种无意识的自动重复行为。有意识的持续行为指的是用户在移动社交媒体环境下对感知的各种因素进行综合评估后，决定是否继续进行信息共享行为。有意识持续行为和无意识持续行为共同存在于用户持续信息共享行为的形成过程中，并且两者之间具有相互衰减的作用。[1]一般情况下，可以将有意识持续行为细分为有意识感性持续行为和有意识理性持续行为。有意识感性持续行为是指用户使用移动社交媒体进行信息共享过程中，产生的主观感受、满意度等一系列情感性的反应，促使用户持续信息共享行为的发生；有意识理性持续行为是指用户在初次参与信息共享后，对移动社交媒体的有用性、易用性以及对移动社交媒体环境下信息共享的价值与风险、获得的利益等众多因素，理性评价后采取的持续信息共享行为。

3.1.4.1　无意识持续过程

无意识持续信息共享行为是用户经过长时间使用后形成的情感依赖或是一种习惯性的操作，与移动社交媒体的功能是否齐全、性能是否稳定、操作是否简单无关，仅仅是用户在持续信息共享过程中形成的一种机械重复行为。在无意识的持续行为过程中，用户在不涉及理性逻辑推理的情况下，有自动重复过去行为的倾向。[2]Berk 等（1991）认为在这个过程中只要内部或外部因素保持不变，用户的行为就会在稳定的情境中重复。用户在移动社交媒体共享信息时，只要所持有的信息与自己的共享意愿相匹配，

[1] Zhao K, Stylianou A C, Zheng Y. Predicting Users' Continuance Intention in Virtual Communities: The Dual Intention-formation Processes. Decision Support Systems, 2013, 55(4):903-910.

[2] Ouellette J A, Wood W. Habit and Intention in Everyday Life: The Multiple Processes by Which Past Behavior Predicts Future Behavior. Psychological Bulletin, 1998, 124(124):54-74.

就会参与信息共享行为。此时，用户积极的认知活动已经停止，其持续信息共享行为是习惯性的而非思考性的，以往的信息共享行为很可能是形成持续性的一个有利因素。例如，用户参与过移动社交媒体环境下信息共享活动，那么用户就会熟悉系统功能并且知道哪里能够找到其所需的信息，在未来，用户很可能继续选择移动社交媒体共享信息。

部分学者将习惯作为变量引入模型之中，验证习惯对用户持续行为意愿的影响作用。习惯不仅仅是一种行为模式，同时也会带给人们情感上的满足和依恋。Gefen（2005）将习惯变量引入 TAM 模型中，并证明了习惯对用户的持续使用意愿有积极的影响。Limayem 等（2007）指出由于用户在过去行为中获得了足够多的经验，并且随着经验的增多用户对行为过程也将更加熟悉，因此，用户未来的持续行为几乎不需要再付出认知努力，用户持续行为意愿对持续行为的预测能力随着习惯影响作用的增强而减弱。

3.1.4.2　有意识持续过程

有意识持续过程的决策是发生在用户没有得到很好的学习或不稳定的情境中。[1]从心理学的角度看，当人们有意识地思考持续性行为意愿时，他们倾向于评估以往行为的结果（如有用性、易用性等）。[2]在信息管理领域，人们普遍认为，信息系统的持续使用是有意识的或认为是理性决策的过程（如期望确认、对以往使用经验的总结等）。[3][4][5]其研究的主要焦点是认识导向的行为模型，如 TAM 模型和 IS 持续使用模型。有意识的行为形成过程中，用户的感知有用性能够决定用户持续行为意愿。在有意识的行为形成过程中，用户的认知并不完全是理性的，有时候也会受情感、信念、兴趣等非理性因素的影响，如 ECM-ISC 模型中满意度是用户对信息

[1] Zhao K, Stylianou A C, Zheng Y. Predicting Users' Continuance Intention in Virtual Communities: The Dual Intention-formation Processes. Decision Support Systems, 2013, 55(4):903-910.

[2] Ouellette J A, Wood W. Habit and Intention in Everyday Life: The Multiple Processes by Which Past Behavior Predicts Future Behavior. Psychological Bulletin, 1998, 124(124):54-74.

[3] Hagger M S, Chatzisarantis N L D, Biddle S J H. A Meta-analytic Review of the Theories of Reasoned Action and Planned Behavior in Physical Activity: Predictive Validity and the Contribution of Additional Variables. Cheminform, 2002, 43(8):23.

[4] De Guinea A O, Markus M L. Why Break the Habit of a Lifetime? Rethinking the Roles of Intention, Habit, and Emotion in Continuing Information Technology Use. Mis Quarterly, 2009: 433-444.

[5] Kim S S, Malhotra N K. A Longitudinal Model of Continued IS Use: An Integrative View of Four Mechanisms Underlying Postadoption Phenomena. Management Science, 2005, 51(5): 741-755.

系统持续使用意愿的重要衡量因素，当用户对信息系统感到满意时，就会促进其持续行为的发生，反之，用户就很可能会放弃使用。用户满意度是用户的心理感受，强调心理感受对持续行为的重要作用。不同领域的研究人员用满意度来解释用户的持续行为，实证研究也表明满意度对用户持续行为有积极影响。[1]鉴于此，本研究将有意识用户持续信息共享行为过程分为两种，即有意识的理性决策行为过程和有意识的感性行为决策过程。有意识的理性行为决策过程是移动社交媒体用户在信息共享过程中对移动社交媒体功能、性能、风险等因素进行客观评价，理性地分析持续信息共享结果是否有利于其自身的综合考量，最终将根据分析的结果决定是否持续信息共享。有意识的感性行为决策过程是由移动社交媒体用户在参与信息共享过程中产生的一系列心理感受决定的，在情感、信念、体验等感性因素的影响下持续参与移动社交媒体环境下的信息共享，这些感性因素对移动社交媒体环境下用户持续信息共享行为具有支撑和推动作用。

有意识持续过程和无意识持续过程共同存在于用户持续信息共享行为形成的过程中。无意识持续过程是用户自动重复的行为，是一种常规行为，具有长效性。有意识行为过程是由用户持续信息共享意愿引发的持续性行为，具有短暂性。Hagger 等（2002）对理性行为理论元分析的研究中发现过去行为减小了态度对意愿的影响，随着参与行为越来越多，用户的持续性行为不再是对参与后行为的理性评价，更多的是用户感性反应的体现。Kim 等（2005）认为理性评价作为行为意愿的决定因素在信息系统重复使用的过程中其重要性的作用将会降低，习惯变量影响将会变大，用户认知评价对用户无意识持续信息共享行为的负面影响就更大。如果用户习惯于以往的参与模式，较少参与反思，用户的意识就可能会减弱，从而降低了用户有意识持续行为的产生。Jasperson 等（2005）也指出个体获得经验是新的行为，他们很少对行为进行反思性思考，而是依赖于先前的行为模式来指导未来的持续行为。同理，当用户在不断参与持续信息共享的过程中体验到可能存在的问题（如成本与收益、隐私风险等），这些负向的评价会慢慢影响用户的习惯，从而阻碍无意识持续行为的产生。

---

[1] Casalo L V, Flavián C, Guinalíu M. The Influence of Satisfaction, Perceived Reputation and Trust on a Consumer's Commitment to a Website[J]. Journal of Marketing Communications, 2007, 13(1): 1-17.

3.2 移动社交媒体环境下用户持续信息共享行为理论基础

3.2.1 社会认知理论

社会认知理论起源于心理学领域，由 Bandura（1986）提出。社会认知理论在随后的几十年中被广泛运用于心理学、管理学、教育学等研究领域中，如图 3-2 所示。Bandura（1986）在传统行为主义理论中引入认知概念，认为人类活动是通过对结果预期评估产生的，也就是说，人们执行某个特定的行为是基于对可能后果的判定产生的。人们为自己所能做到的事情形成信念，预测预期行为的结果，设定目标并达成。社会认知理论相比传统动物实验、数理科学实验等方法有所不同，它是通过对个人期望的行为结果进行评估，对研究个体行为形成和变化的过程具有更好的解释效果。它强调人类的行为不仅仅受到外部环境的影响，更重要的是内在认知活动对行为的影响，更加突出"认知—环境—行为"的相互影响。

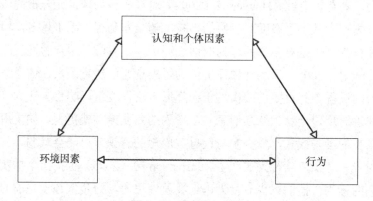

图 3-2 社会认知理论

社会认知理论的主要内容包括三元交互决定论、观察学习理论、自我调节和自我效能理论。本研究主要借鉴社会认知理论中三元交互决定论和自我效能理论。传统行为主义认为人类的行为存在两派：外部环境因素决定即环境因素决定论，内部心理因素决定即个人决定论，Bandura 在批判前人研究的基础上，认为无论单方面是外部因素还是内部心理因素都无法完全决定人类的行为，人类的行为是环境、人自身、行为之间动态的交互过程，三者之间相互促进、相互关联、相互决定，互为因果，双向互动，相互影响。因此，也将其称为三元互动决定论。一方面，人的认知、生理反应等个人因素能够有力地支持用户的实际行为，行为也反作用于个体的情感、情绪；另一方面，个体的生理特征也可以刺激或激活不同的外部环境，行为作为两者的中介，有助于人类改变环境以适应人类的需求，同时，人类的行为也受到环境的制约。

自我效能是社会认知理论最重要的概念之一。Bandura（1986）将其定义为人们对自己的能力能够产生特定表现水平的信念，这种信念能够影响他们的生活。即自我效能就是个体判定执行某种活动的能力、信念，它对个体实际行动会产生重要的影响。自我效能感强的人更愿意把问题当作挑战，并在解决问题的过程中不断提升自我效能，反之，自我效能感弱的人不愿意面对困难，从而导致自我效能感越来越低。

3.2.2　社会资本理论

社会资本理论起源于 20 世纪 70 年代，其发展已受到其他各学科的广泛关注。早期，学术界对社会资本的概念并没有达成共识，最早引入社会资本概念的是经济学家 Loury（1976），他强调社会资本是社会结构的某种资源，并能够通过行为获取。社会学领域最早使用社会资本概念的是法国社会学家 Bourdieu（1986），他认为社会资本是实际或潜在资源的集合，这些资源与由相互默认或承认的关系组成的持久网络相关，并将资本划分为社会资本、文化资本和经济资本。

Burt（1997）认为社会资本存在于网络结构关系中，网络结构弱关系会使参与者失去竞争优势，他同时还提出了结构洞的概念，认为结构洞能连接异质网络结构促使参与者获得不重复的资源。Nahapiet 和 Ghoshal（1998）将社会资本分为三个维度即结构维度、关系维度和认知维度，他们认为三者之间具有高度的相关性，其中结构维度指的是参与者、网络配置或形态与适度组织之间的联系的整体模式；关系维度强调人们之间的关系如尊重、友好等，人们之间的关系能够影响他们的行为；认知维度是提供各方之间的共同表达和解释的意义系统。Coleman（1988）对社会资本进行了全面的阐释，认为社会资本是一种行动资源，是个人拥有的社会结构资源，将社会结构引入社会资本理论中更具合理性，同时他也提出了社会资本的三种形式：义务和期望、信息网络、社会规范。随着社会资本理论在各个学科的广泛应用，其概念也得到了进一步的扩展和完善。Putnam（1993）认为社会资本是一种"公共利益"，也就是说社会资本不是从中受益的私人财产，通常包括网络、规范和信任，公民的集体参与能够促进规范的形成，从而建立彼此之间的相互信任，有利于形成更广泛的集体意识。

近些年来，社会资本理论被引入信息管理学领域解释和预测用户行为。Wasko 等（2005）利用社会资本理论提出了互联网用户知识贡献模型，将社会资本划分为三个维度即结构资本（网络中心度）、认知资本（知识能力自测、专业知识的应用）、关系资本（互惠、承诺），并指出结构资本维度对知识贡献的影响最为显著。

陈明红（2015）将社会资本结合 TAM 模型理论构建了"社会-技术"模型，探讨用户对学术虚拟社区的持续共享意愿，研究结果表明，社会资本对知识共享满意度影响水平最高，并通过满意度影响持续共享意愿。

唐晶晶（2015）分析了移动社交网络中，社会资本对知识共享的影响，并通过问卷调查与统计方法进行了验证。结果显示，社会资本结构维度对知识共享三个方面（个人知识共享、学习机会共享、鼓励他人学习）都有显著影响；社会资本关系维度（信任、认同、互惠）对知识共享三个方面也有显著影响；同样，社会资本认知维度（共同语言、共同愿景、价值观一致性）对知识共享三个方面也有显著影响。其中，互惠和价值观一致性对知识共享的贡献最大。

张玉红（2015）将社会资本分为结构资本、关系资本和认知资本，结构资本主要指社区参与程度，关系资本包括信任、认同，认知资本包括共同愿景和共同语言，结果显示，结构资本、关系资本和认知资本对虚拟社区忠诚度均有积极影响。

综上所述，各学者从社会网络、社会资源等不同的视角定义了社会资本的概念，本研究借鉴 Nahapiet 和 Ghoshal 对社会资本关系、结构、认知维度的划分，结合移动社交媒体环境，在移动社交媒体为用户、媒体平台、信息需求者之间建立社会网络，在信息与社会规范的情境下促进各利益相关方资源的获得。

3.2.3 使用与满足理论

使用与满足理论是关于大众媒介的效果与使用的理论，主要是源自大众传播学，用以研究媒介和受众的关系，其理论解释了人们使用媒介得到满足的行为;而使用与满足是被广泛应用于网络使用行为研究的理论之一,用以探讨用户的选择或是媒体使用的动机和行为。Katz 等(1974)在其研究中主张不但要关注媒介对用户做了什么,还要关注用户使用媒介做了什么,而且还要强调使用与满足理论要以主动的用户为中心。基于新一代网络新媒体的出现,应用使用与满足理论的学者开始将过去的传统媒介传播转变成以网络传播为研究重点。而新、旧媒体在用户的使用动机方面可能有相似之处,如自我肯定、打发时间、娱乐等;但新媒体所独有的特质,如互动性、即时性等则是可能会引发用户有别于旧媒体的使用动机。

Bhattacherjee(2001b)认为信息系统成功的第一步就是要了解信息系统的最初接受,但是要维持长期成功的信息系统以及信息系统的可行性就要着重于信息系统的持续使用,而不是初次使用。虽然 EECM-ISC 模型可以说明用户持续参与的意愿,但是无法说明用户持续参与的心理需求动机。Shi 等(2009)则认为使用与满足理论主要目的是解释人们为何选择特定媒体,并说明选择特定媒体的心理动机;而 Song 等(2004)则认为网络使用者会主动去查询信息来满足自身的需求,这符合 Katz 等(1974)所提出的使用与满足理论中的基本前提(用户是主动的,基于社会或心理需求,借助于使用媒介来满足自身的需求);而 Stafford 等(2004)曾提出使用与满足理论可以用来解释用户对于选择媒体的持续使用;Zhou 等(2010)也认为使用与满足理论和信息系统持续使用模型可以结合起来去探讨用户持续使用 Twitter 的意图。

Luo(2002)认为娱乐性、信息性是影响用户购买的主要心理动机。Huang(2008)认为娱乐性是影响用户购买的心理动机。Choi 等(2009)认为娱乐性、社会互动是影响用户对网络移动电视网络使用的心理动机。Yoo(2011)认为娱乐性、信息收集是影响用户使用网络新闻媒体的心理动机。Shao(2009)认为娱乐性、信息性是影响用户使用 YouTube 的心理动机。Hanson 等(2010)认为社会互动性是影响用户使用 YouTube 的心理动机。Luo 等(2011)认为娱乐性、信息收集、消磨时间是影响用户采用网页信息的心理动机。此外,Chua 等(2012)运用使用与满足理论来探讨人们线上搜寻医疗保健网站的行为。Zhou 等(2010)运用使用与满足理论来探讨哪些因素使得人们持续使用 Tweet。Coursaris 等(2010)运用使用与满足理论和创新扩散理论来探讨用户使用 Twitter 网站的持续行为。Wu 等(2009)运用使用与满足理论整合 IS 持续使用模型和社会影响理论探讨人们对虚拟社区的持续使用意愿和推荐意愿。

由上述说明可以得知，使用与满足理论和 EECM-ISC 模型的整合可以探讨心理需求的动机因素，找出用户满意的因素，并进一步形成用户持续使用移动社交媒体信息共享的意愿。Zhou 等（2010）也认为，使用与满足理论和 EECM-ISC 模型可结合去探讨用户持续使用 Twitter 的意愿。Shi 等（2009）也整合使用与满足理论和信息系统持续使用模型去探讨用户持续使用虚拟社区的意愿。因此本研究将 EECM-ISC 模型与 Rubin 和 Bantz（1987）提出的使用与满足理论相结合，来探讨用户使用移动社交媒体进行持续信息共享的原因，并了解用户持续信息共享行为的影响因素。

3.2.4　感知风险理论

哈佛大学教授 Bauer 在 1960 年从心理学中引申出了感知风险这一概念。Bauer 教授的观点是，人们的任何消费行为产生的结果都是无法确保的，甚至产生让消费者感到不愉悦的结果。感知风险的概念最初就隐藏在消费者购买决策过程中对结果的不确定性上。感知风险中的风险并不是客观的风险，而是消费者主观上感知到的风险。Cox（1967）认为消费者的购买行为是以目标为导向的，这是感知风险研究的基本假设，他对感知风险概念的具体阐述为：在每一次的购买行为中，如果消费行为后的实际结果并不能达到消费者预期的购买目标，就会产生感知风险；或者是如果在消费过程中消费者并不能确定何种消费最能满足自己的购买目标时，也会产生感知风险。Cunningham（1967）把感知风险分为了不确定性（uncertainty consequence）和后果（consequence）两个因素。感知风险的不确定性指的是消费者在主观上判断事情发生的概率；后果是事情发生后对结果有何危险。Featherman 和 Pavlou（2003）将风险纳入了电子服务采纳模式，修正传统的隐私风险的六个方面：财务、社会、绩效、心理、身体、时间风险。他们认为电子服务对于个人的身体不会产生任何危害，所以将身体风险替换成隐私风险。Cases（2002）认为，网络交易会引发新的风险，比如传递、隐私、付费与来源等风险，且消费者对于网络交易的感知风险高于传统的风险。

综上所述，本研究将移动社交媒体环境下用户感知风险定义为用户在持续信息共享相关活动过程中对各种客观风险的认知及心理感受。其所涉及的风险主要包含两个方面的内容：一是用户持续信息共享行为的结果能否满足其共享目的；二是用户如果发生了有问题的信息共享行为，其后果具有不确定性。

在实证研究过程中，后人不断细化感知风险的维度，国内外学术界开展了较为深入的研究：Jacoby 等（1972）的研究表明，消费行为领域中的感知风险由社会、财务、心理、人身伤害、产品五个方面组成。Peter 和 Tarpey（1975）在 Jacoby 的研究基础上提出了第六个风险维度，即时间风险。Stone 和 Gronhaung（1993）的研究证实，上述六种风险对总感知风险的解释程度可以达到 88.8%。

在移动互联网时代，不断涌现的新技术新服务为广大用户带来便捷的同时，也在不断刷新大家心中的风险感知，感知风险理论为移动社交媒体环境下用户持续信息共享行为研究提供了重要的理论支撑。

3.2.5　感知价值理论

1）内涵

对于感知价值的内涵，不同研究者给出了不同的定义，见表 3-1。Zeithaml（1988）认为用户感知价值是用户对产品或服务使用后感知利益所得和其付出相比较之后的整体评价。

表 3-1　感知价值内涵汇总

作者	感知价值的内涵
Monroe（1990）	用户对产品的感知利得与产品价格的感知利失进行权衡的结果
Holbrook（1996）	用户对产品价值个人化的判断偏好，是一种互动、相对且具偏好性的体验
Gronroons（1997）	用户对企业的产品、服务、信息、互动、体验、关系和其他要素的整体自我感知
Woodruff（1997）	用户对产品属性，属性偏好以及由使用而产生的可能对用户的目标或意图的实现起阻碍或促进作用的结果偏好和评价
Anderson et al.（1992）	企业对产品能够为其带来的技术、经济、服务及社会利益的感知溢价
Flint（2002）	用户对放弃的特性与期望的特性的权衡比较
董大海等（1999）	用户在购买和使用某一个产品或服务的整个过程中所获得的效用与所付出的成本进行比较的结果
白长虹、廖伟（2001）	用户对自己的付出和所得的总体评价
范秀成、罗海成（2003）	感知价值是功能价值、情感价值、社会价值的函数，是用户感知所失与所得的函数

从表 3-1 关于价值内涵的论述中可以发现，虽然研究者们的论述各有侧重点，但是有些相同之处：他们大部分认为感知价值是用户的主观判断，与用户体验相联系，是用户对收益与付出进行比较权衡后的综合评价。综上所述，本研究中对感知价值可以做如下定义：用户在使用移动社交媒体进行信息共享的过程中，将所感知的利益与其所付出的成本进行权衡后的主观评价。

目前，用户感知价值维二维论是主流，即感知价值由感知收益和感知付出两个维度构成。[1]此外，还有一些学者对感知价值进行了多分法研究，Holbrook（1996）提出了功能价值、情感价值和社会价值三分法，还有Sweeney 等（2001）的四分法，即情感价值、社会价值、质量价值和价格价值。

2）感知价值理论和 EECM-ISC 模型研究

一些研究认为感知价值对用户行为存在直接影响，一些认为存在间接影响，还有一些认为两种情况都存在，本研究整理出相关研究，如表 3-2 所示。

表 3-2　感知价值对用户行为的影响研究汇总

影响方式	作者	研究结论
直接影响	Sweeney et al.（1997）	感知价值显著影响用户购买电子设备意愿
	Boyer et al.（2002）	感知价值是用户继续使用和重复购买的影响因素
	Kim et al.（2007）	感知价值对移动互联网接受意愿有显著影响
	潘军宝（2012）	感知价值正向影响移动微博用户持续使用行为
间接影响	Parasuraman and Grewal（2000）	感知价值对用户满意度有显著的影响作用，进而影响用户重复购买行为
	白长虹、廖伟（2001）	感知价值会通过满意度间接影响用户持续购买意愿
直接、间接都存在	李东进等（2007）	感知价值直接影响客户的重复购买意愿，并且会通过满意度间接影响重复购买意愿
	苏帆帆（2011）	感知收益和感知付出对用户持续移动阅读意愿既有直接影响又有间接影响

---

[1] Zeithaml V A. Consumer Perceptions of Price, Quality, and Value: A Means-End Model and Synthesis of Evidence[J]. Journal of Marketing, 1988, 52(3):2-22.

3.2.6 信息系统成功模型

信息技术和信息系统的成功实施可以为企业带来经营业绩的提高，此观点已得到广泛认同。然而，如何测量信息系统是否成功，什么样的信息系统是成功的信息系统？这一问题值得探究。

DeLone 和 McLean（1992）提出了信息系统成功模型，此模型由六个因素组成，见图 3-3 和表 3-3。

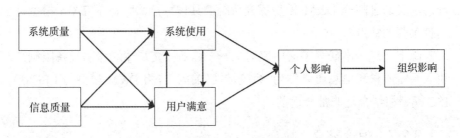

图 3-3 信息系统成功模型

表 3-3 D&M 模型变量释义

因素	释义
系统质量	系统本身的品质，如系统方便程度、响应时间等
信息质量	系统的产出，须考量产出的正确性、即时性、可靠性、完整性、相关性等
系统使用	用户对信息系统的依赖程度，包括使用系统的时间和频率、使用信息的数量
用户满意	用户对信息系统机器产物——信息的满意程度
个人影响	信息系统为使用者带来的影响，信息系统能够让使用者对决策内容有更好的了解，改善使用者的决策，改变使用者的行为以及使用者对信息系统的重要性与有用性的认知，主要衡量项目为使用者的信心、决策分析的品质、决策效率、改善个人产出等
组织影响	信息系统对组织的影响，包括生成效率、产品质量、财务等指标的提高以及战略优势的加强

Delone 和 Mclean 将信息系统的成功看作一个过程，既存在时间上的顺序，也有因果上的关系。一个信息系统被创造出来，其特点就已经由系统质量和信息质量体现出来，用户在使用了系统之后，这些特点会对用户的使用以及满意度产生影响，之后又会对个人以及组织产生影响，这样就

形成一个时间上有先后顺序的过程。而在因果关系上，D&M 模型中的系统质量和信息质量对用户满意和系统使用产生影响，而个人绩效又会对组织产生影响。

D&M 模型在学术界的影响非常广泛，在过去二十年中许多学者对这一模型进行了实证研究验证。Wixom 和 Todd（2005）在研究信息系统采纳时，在 TAM 模型中添加了系统质量和信息质量，Wixom 等的研究弥补了 TAM 模型的缺点，使得该模型既保有 TAM 模型对持续使用行为较高的解释度，又通过部分 D&M 模型探究系统的具体特点，弥补了 TAM 模型针对性不强的缺点。

综上所述，本研究考虑研究对象——移动社交媒体的移动设备限制，引入系统质量和信息质量作为"系统特性"的因素，将 D&M 模型与 EECM-ISC 模型相结合是非常合适的。

3.2.7　理论整合

EECM-ISC 模型从心理学角度解释和预测用户行为，具体来说，EECM-ISC 模型是关于用户对 IS 感知有用性和满意度期望得到确认程度的解释和分析。期望为用户提供了评估 IS 实际性能的一个基准水平，反过来，用户的确认（不确认）又决定用户是否满意。该模型认为用户 IS 持续意愿主要受期望、感知有用性、满意度的影响。移动社交媒体环境下用户持续信息共享行为主要涉及各利益相关方之间的交互。期望是用户对于参与信息共享时，相关方提供的信息与承诺能够满足其参与动机背后价值的预测和期待。感知有用性是用户使用移动社交媒体能够随时随地方便高效地进行网络交往和信息交流的程度。满意度是用户心理状态的体现，是基准水平与实际心理感受的判别，是对付出的代价与收益的评估。移动社交媒体作为实现信息交流的新兴媒介，它具备了信息系统的特征，因此，以 EECM-ISC 模型为理论研究基础具有合理性。但是，该模型只研究了感知有用性和满意度对用户持续行为的影响，将其归因于应用后的感受或态度，忽视了其他外部社会环境对持续行为的影响，用户持续行为体现的是用户动态的复杂的行为过程，过程中容易受到用户心理的、认知的、外部环境等因素的影响。

感知价值理论、感知风险理论、使用与满足理论作为心理学的重要理论，从多角度挖掘了用户持续行为的心理动机和动机价值，体现了持续信息共享用户心理变化对持续行为的影响和作用。社会认知理论的"认知—环境—行为"的理念是探索个体采取某些行为的理由，能够体现动态环境中个体的行为变化。社会资本理论从个体所处外部环境来预测和解释用户行为。通过不同维度的社会外部变量考察用户持续行为，体现外部环境动态变化对行为的影响和作用。信息系统成功模型考虑了用户在使用移动社交媒体进行信息共享时，系统流畅性、响应速度、信息显示效果等对用户持续信息共享行为的影响。

综上，本研究认为 EECM-ISC 模型对移动社交媒体环境下用户持续信息共享行为的解释比较单一，不能提供足够的洞察以了解用户信息共享的持续性，其预测和解释能力也相对不足。

本研究为了全面体现用户持续信息共享行为心理、认知的变化对行为的预测和影响，以 EECM-ISC 模型为基础，以感知价值理论、感知风险理论、使用与满足理论挖掘用户动机驱动及其背后的价值，掌握用户心理变化的规律；以社会认知理论的"认知—环境—行为"理念关注动态环境下用户认知的变化，分析用户以往经验与观察习得认知对持续行为的影响；以社会资本理论分析外部环境对持续信息共享行为的影响，从而了解社会环境变化对用户个体内部动机变化的影响；以感知价值理论、感知风险理论、使用与满足理论挖掘用户的动机驱动及其背后价值，掌握用户心理动机变化的规律；以信息系统成功模型考察用户在使用移动社交媒体进行信息共享时，系统流畅性、响应速度对用户持续信息共享行为的影响，整合上述理论，更加全面、准确地解释"为什么用户持续共享信息？"以及挖掘移动社交媒体环境下用户持续信息共享行为的规律。

3.3　本章小结

本章首先分析和探讨了移动社交媒体环境下用户持续信息共享行为机理，包括移动社交媒体的特征与类型、用户持续信息共享行为的动机、用户持续信息行为分析三个方面。

其次阐述了移动社交媒体环境下用户持续信息共享行为的理论基础，分析这些研究理论在已有研究中的应用，整合相关理论，并探讨这些理论在本研究中的适用度。

第4章 移动社交媒体环境下用户持续信息共享行为影响因素

移动社交媒体环境下用户持续信息共享行为模型构建是对影响因素及其相互关系的概念化描述，其目的是解释用户持续信息共享行为。因此，确定影响因素是模型构建的关键。为了保证用户持续信息共享行为影响因素更具有科学性、客观性、可行性，本章以前述相关研究文献和理论基础为核心，从理论研究和质性研究两个阶段确定关键影响因素。理论研究是从持续行为经典理论及其扩展理论模型为基础的相关文献研究中提炼出适合移动社交媒体情境的影响因素；质性研究是通过用户访谈，提取关键语句，形成概念要素，与理论研究中发现的影响因素相互验证和补充，从而确定关键影响因素。

4.1 用户持续信息共享行为影响因素理论研究

4.1.1 认知维度影响因素

认知维度影响因素主要来源于 EECM-ISC 模型、感知价值理论、社会资本理论、使用与满足理论等基础理论。

4.1.1.1 感知有用性

感知有用性最早出现在经典的采纳模型——TAM 模型中，是指用户主观认为 IT 会增进他的工作绩效的程度。[1]借鉴 TAM 模型（Davis et al.，1989）的感知有用性的概念，在 EECM-ISC 模型中，消费后的期望被表示为事后的感知有用性。感知有用性是影响信息系统行为的重要信念（Davis et al.，1989；Mathieson 1991；Taylor and Todd 1995），感知有用性是接受信息系统的主要动机，它还会影响用户是否决定继续使用该信息系统

---

[1] Davis F D. Perceived Usefulness, Perceived Ease of Use, and User Acceptance of Information Technology. Mis Quarterly, 1989, 13(3):319-340.

（Bhattacherjee，2001b）。

在不同的技术和服务中，用户感知到的有用性的具体表现形式是不一样的。就电子商务网站而言，用户从中获得的主要有用性是搜集和购买商品[1]；在移动游戏中，感知的有用性则被定义为玩家不考虑时间和空间，感知到玩游戏能够帮他们实现自己目标的程度[2]；在智能手机采纳的研究中，感知有用性被认为是对用户工作绩效提高的程度，如帮助用户更快地完成任务，或是帮助用户提高生成率，等等。[3]类似的，在移动社交媒体环境下用户持续信息共享研究中，感知有用性也应该根据移动社交媒体的主要功能和特点被具体定义。由于大部分人登录移动社交媒体进行信息共享的主要目的是联系好友，与好友交流，互通信息等。因此，在移动社交媒体环境下，感知有用性可以被定义为用户使用移动社交媒体能够随时随地方便高效地进行网络交往和信息交流的程度。

在对一些经常使用移动社交媒体的用户访谈中，我们了解到，他们中的很多人使用移动社交媒体进行信息共享有很强的目的性。有些用户使用移动社交媒体进行信息共享，是为了在闲暇时间同那些有着共同爱好和兴趣的人交流；有些用户进行信息共享，是为了更好、更方便地扩展和维护社会网络；还有些用户是为了与周边的陌生人交朋友。

刘鲁川、孙凯（2012）利用 ECM-ISC 模型理论及其扩展结构模型构建云计算服务用户持续使用模型，并验证了其适用性，认为感知有用性、用户满意度是用户持续使用的关键影响因素。Sun 等（2014）利用 UTAUT 模型对中国 320 名 SNS 用户持续使用意愿进行调查，结果证明了相较 TAM、TPB 等单一模型，UTAUT 模型能更好地解释用户持续使用 SNS 行为，认为感知有用性、使用满意度、信任、主观规范、努力期望、社会影响对用户持续使用 SNS 有重要影响。

鉴于此，本研究将感知有用性作为用户持续信息共享行为的重要影响因素来考察。

---

[1] Yoon C. The Effects of National Culture Values on Consumer Acceptance of E-commerce: Online Shoppers in China. Information & Management, 2009, 46(5):294-301.

[2] Ha I, Yoon Y, Choi M. Determinants of Adoption of Mobile Games under Mobile Broadband Wireless Access Environment. Information & Management, 2007, 44(3):276-286.

[3] Sang H K. Moderating Effects of Job Relevance and Experience on Mobile Wireless Technology Acceptance: Adoption of a Smartphone by Individuals. Information & Management, 2008, 45(6):387-393.

4.1.1.2　期望确认

Bhattacherjee（2001b）认为期望确认是指使用者对于信息系统使用的期望与实际绩效之间一致性的认知。Bhattacherjee（2001b）指出，正如 TAM 模型在信息系统采纳情境的感知信念是彼此相关的，即感知易用性会影响感知有用性。在信息系统持续使用情境中，期望确认和感知有用性可能也是彼此相关的。虽然较低的初始有用性认知很容易被确认，当用户发觉他们的初始认知的程度低到不切实际时，这种认知可能因为期望确认的经验而调高一点。社会认知理论指出用户可能会遇到认知失调或精神紧张的情况，如果他们在接受前的有用性认知不确定高于实际使用时，理性的用户可能会尝试纠正这种失调，修改他们的有用性认知，以便更符合现实。换言之，确认将倾向提升用户的认知有用性，不确定将降低这种认知。

本研究中，笔者认为期望确认是用户使用移动社交媒体信息共享前的预想能被实际使用过程中感知的系统性能所满足的程度。在移动社交媒体中，期望确认作为和实际感知的差异，对于满意度和感知有用性等因素有显著影响。

鉴于此，本研究将期望确认作为用户持续信息共享行为的重要影响因素来考察。

4.1.1.3　感知价值

在研究中学者们利用感知价值理论提出了各种模型来解释价值如何影响用户的选择、持续行为及其绩效表现（如 Eccles，1983；Wigfield and Eccles，1992）。其中感知价值理论是最为长久和重要的研究视角。本研究借鉴 Eccles（1983）提出的关于价值维度的划分标准，将本研究中的感知价值分为愉悦价值和实用价值两个维度。愉悦价值是指在进行信息共享过程中获得的一种享受，当个人执行内在价值的任务时，对个体会产生重要的心理影响，其中大部分是积极的。[1]实用价值用来衡量用户行为对当前和未来目标的实用程度（如名誉、认可、奖励等）。

1）愉悦价值

愉悦价值是通过用户行为而获得一种心理上的享受，是用户内在动机的体现，用户持续信息共享行为反映的是用户内在情感驱动的行为，对用

---

[1] Deci E L, Ryan R M. Intrinsic Motivation and Self-Determination in Human Behavior. Springer US, 1985.

户持续信息共享行为意愿有积极的影响。从已有的相关研究中发现内在价值的影响因素主要来源于 TAM 模型、TPB 模型和 IS 期望确认模型，通常以用户的感知愉悦性及其类似的概念如享乐、乐趣等为主要表现形式。感知愉悦性是用户在帮助他人解决问题后的心理感受，对用户持续行为意愿或实际行为的影响已经在多个研究领域被证实，如数字化学习[1][2]、社会网络[3]等。Shiau 和 Luo（2013）在研究博客用户持续意愿时发现用户感知愉悦通过满意度变量对持续意愿有直接影响。Sun 等（2014）在社会网络研究中发现感知愉悦能够对满意度和持续意愿都有直接影响。Ajjan 等（2014）研究表明感知愉悦性对用户个人的态度有积极的影响，从而促进用户的持续意愿提升。相似领域的研究证明，感知愉悦性是驱动用户持续行为的内在动机，也是用户内在价值的体现。在移动社交媒体环境下，用户共享自己的信息、经验和知识，在没有任何回报的情况下帮助他人从而获得利他的愉悦感。Lai 和 Yang（2014）对维基百科（Wikipedia）用户持续编辑维基内容行为的研究发现，内在价值是最为主观任务价值的前置因素，对满意度有积极影响，从而正向影响持续意愿。仲秋燕等（2011）的研究表明享受、乐趣作为内在动机因素通过沉浸对用户持续行为意愿有积极影响。高金燕（2013）的研究表明用户的情感价值（愉悦性、满足感）对持续知识贡献意愿有积极影响。

2）实用价值

实用价值用来衡量用户行为对当前和未来目标的实用程度（如名誉、认可、奖励等），类似于执行行为后的有用性或对结果的期望，它可与外在动机联系在一起。[4]用户的信息共享行为不仅可以使信息共享者和信息接受者得到广义上的互惠[5]，同时在某种程度上也可以促进行为本身的发展。通过对已有相关研究实用价值影响因素的梳理，学者们认为实用价值体现

[1] Roca J C, Gagné M. Understanding E-learning Continuance Intention in the Workplace: A Self-determination Theory Perspective. Computers in Human Behavior, 2008, 24(4):1585-1604.

[2] Lee M C. Explaining and Predicting Users' Continuance Intention toward E-learning: An Extension of the Expectation–confirmation Model. Computers & Education, 2010, 54(2): 506-516.

[3] Lin H, Fan W, Chau P Y K. Determinants of Users' Continuance of Social Networking Sites: A Self-regulation Perspective. Information & Management, 2014, 51(5): 595-603.

[4] Chiu C M, Wang E T G. Understanding Web-based Learning Continuance Intention: The Role of Subjective Task Value. Information & Management, 2008, 45(3): 194-201.

[5] Wasko M M L, Faraj S. Why Should I Share? Examining Social Capital and Knowledge Contribution in Electronic Networks of Practice. MIS Quarterly, 2005: 35-57.

在两个方面即符号性的实用价值和物质性的实用价值。符号性的实用价值主要指名誉和社会认可，能够给用户带来精神上的鼓舞，为其发展提供辅助支持。物质性实用价值主要指奖励（奖品、物质奖励等），移动社交媒体环境下用户持续信息共享行为的实用价值主要体现在符号性的实用价值。用户持续行为的发生能够给其自身带来社会认可、名誉等符号性的价值时，用户愿意继续执行该行为，从而获得价值感。[1]

4.1.1.4 IT自我效能

自我效能的概念由 Bandura 提出，他认为人类的行为会受到许多因素的影响，其中效能的信念是导致人类产生行动的主要基础。自我效能是个人对达成其特定工作的自我能力的判断。[2]

Bandura 和 Locke（2003）指出，自我效能是内在动机的驱动力。自我效能感强的人，总是愿意挑战新的困难、新的问题，在挑战困难和问题的过程中自我效能会持续增强和提高；自我效能感弱的人，会怀疑自己的能力和潜力，不愿意挑战和克服新的困难，宁愿放弃也不努力尝试，也不能体会开拓自身潜力的乐趣。而 IT 自我效能则是指个人通过使用 IT 可以成功达到工作目标的自我信念。

在信息行为研究文献中，IT 自我效能被认为是影响用户信息行为的关键因素之一。[3]用户本身具有信息且愿意共享，但缺乏相关 IT 技能的自我认知，该用户依然不能利用移动社交媒体进行信息共享行为。鉴于此，本研究将 IT 自我效能作为用户持续信息共享行为的重要影响因素来考察。

4.1.2 体验维度影响因素

体验维度影响因素主要来源于扩展期望确认持续使用模型、感知风险理论、使用与满足理论等基础理论。

4.1.2.1 满意度

满意度最早由 Locke（1976）提出，他认为满意度是在工作绩效的背景下从一个人的工作评价中产生的愉快或积极的情绪状态。后来，这个概

---

[1] Lai C Y, Yang H L. The Reasons Why People Continue Editing Wikipedia Content – task Value Confirmation Perspective. Behaviour & Information Technology, 2014, 33(12):1371-1382.

[2] Bandura A. Self-efficacy: Toward a Unifying Theory of Behavioral Change. Advances in Behaviour Research & Therapy, 1977, 1(4):139-161.

[3] Compeau D R, Higgins C A. Computer Self-efficacy: Development of a Measure and Initial Test. MIS Quarterly, 1995: 189-211.

念被 Oliver（1997）延伸至消费领域，Diver 认为这是一种消费者的心理状态和心理体验，这种状态是由消费者体验的感受和预期的不一致性所导致的，是对产品、服务和经验的事后评价。对获得产品、服务等的高满意度可以有效降低再次使用时的风险和决策不确定性，从而驱使用户产生持续使用意愿。大量研究表明，满意度高的用户更倾向于重复购买某些产品或服务，满意度是可持续使用意愿的可靠预测指标（Patterson et al.，1997）。

而在信息系统情境中，Bhattacherjee（2001b）将满意度定义为用户对信息系统过去使用的情感或感觉。在信息系统领域中，用户满意度是信息系统成功的重要因素之一，在某种特定情况下的用户满意度指的是用户对影响该情况的多种因素的感觉或态度，具体到信息系统上，则指的是用户对信息系统的态度。[1]Oliver（1980）在提出期望确认理论时，认为满意度是感知绩效与用户之前的期望相一致的心理状态。本研究中的满意度指的是用户前期使用移动社交媒体信息共享的态度和情感。

用户在前期信息共享行为过程中产生的满意度会影响他们持续信息共享的意愿。Bhattacherjee（2001a）在 ECM-ISC 模型中证明了这种影响的显著性。随后很多基于 ECM-ISC 模型的研究也证明了这种关系的存在。具体到本研究，我们认为移动社交媒体具备一般信息系统的共性。前期研究中一些关于普通信息系统使用的研究也适用于移动社交媒体这个客体。因此，我们认为，用户是否持续使用移动社交媒体进行信息共享会受到他利用该媒体进行信息共享行为后产生的满意度的影响。

鉴于此，本研究将满意度作为用户持续信息共享行为的重要影响因素来考察。

4.1.2.2 心流体验

根据文献可知，心流体验是指当人们在从事自己喜爱的工作时获得的一种特殊的心理体验，这种体验会驱使个人沉浸其中，进而全神贯注地投入工作。心流体验的特征是精力集中（concentration）、失去自我意识（loss of self-consciousness）、时间变形（time distortion）以及远程临场感（telepresence）四个方面，心流体验的结果通常表现为积极的影响以及一种有目的的经历。

---

[1] DeLone W H, McLean E R. Information Systems Success: The Quest for the Dependent Variable. Information Systems Research, 1992, 3(1): 60-95.

在本研究中，移动社交媒体环境下用户持续信息共享的心流体验会对满意度和用户持续信息共享意愿产生影响。在这里的心流体验是用户在移动社交媒体环境下持续信息共享过程中受到外界实质刺激、复合刺激和社会刺激后，结合自身的特点产生的情感反应，由于受到每个用户外在因素差异的影响，在相似的外界刺激下，每个用户产生的心流体验可能不同。

鉴于此，本研究将心流体验作为用户持续信息共享行为的重要影响因素来考察。

4.1.2.3 感知风险

感知风险是研究用户网络信息行为的一个重要因素。感知风险最早由Bauer（1960）提出，Roselius、Jacob 和 Kaplan 进行了多次修改和完善。风险包括技术、经济等多个复合方面，是创新扩散的障碍。感知风险会负面影响用户对信息系统持续使用的程度。[1]Thakur Rakhi（2014）研究发现感知风险是不确定性的测度可能产生的负面影响。

风险是用户使用创新技术后导致的不良后果或者带来不确定的度量和描述。本研究中的风险包括账号风险、管理风险、安全风险、隐私泄露风险等。用户使用移动社交媒体进行信息共享，将自己的一些经验总结和经历等信息内容进行整理，并上传到移动社交媒体平台，以帮助其他需要帮助的人，或者是以这些素材作为自身能力的体现进行自我展示。但是，在这些信息共享活动过程中，用户不清楚移动社交媒体中其他用户如何对待其共享的信息，甚至有可能暴露自己的隐私，以及移动社交媒体平台也有可能由于各种原因暂停或终止服务，从而给用户利益和使用造成一定损失或带来一些难以预料的后果，进而引起用户的不满意。

鉴于此，本研究将感知风险作为用户持续信息共享行为的重要影响因素来考察。

4.1.3 技术维度影响因素

技术维度影响因素主要来源于信息系统成功模型、使用与满足理论等基础理论。

---

[1] Rijsdijk S A, Hultink E J. How Today's Consumers Perceive Tomorrow's Smart Products. Journal of Product Innovation Management, 2009, 26(1):24-42.

4.1.3.1　移动社交媒体特性

移动社交媒体是社交网络技术向移动互联领域的延伸，从已有的研究文献中和移动社交媒体的特性上来看，学者最关注服务可达性和快速传播特性两个特性。

与传统互联网社交媒体相比，移动社交媒体的一个重要特点就是移动性，即用户可以不受时空限制地登录移动社交媒体，进行信息共享。因此引入服务可达性到本研究中，对于理解和分析移动社交媒体与传统互联网社交媒体的差别有重要的意义。

服务可达性代表"无处不在"，指用户不受空间限制使用移动社交媒体共享信息的程度；"无时不在"，指用户不受时间限制获取移动社交媒体相关信息和共享信息的程度。[1]这是移动社交媒体用户持续信息共享行为的一个特殊影响因素。用户可以在任意时间和地点，通过移动终端访问移动社交媒体，服务可达性是移动社交媒体的一个重要特性，即用户可以不受时空限制地登录移动社交媒体中，进行交流互动。许多研究证实了服务可达性对移动社交媒体用户信息共享行为的影响。Park 等（2014）的研究表明，移动社交游戏的服务可达性对感知有用性有正向影响；Boakye（2015）指出移动数据服务的服务可达性使得用户期望确认度更高。

服务可达性是移动社交媒体的重要技术特征，移动社交媒体支持多种操作系统的终端设备，如 Windows 系统、iOS 系统和 Android 系统。无线网络的广泛存在，使得移动智能终端的用户访问移动社交媒体更加方便、快捷，但要求有足够的带宽，以保证用户信息的传输。

4.1.3.2　系统质量

系统质量来自学者 Delone 和 Malean 提出的信息系统成功模型，系统质量是用户对信息系统本身的表现包括响应速度、用户好友情况、系统灵活性和系统可靠性等属性的感知。[2]在移动社交媒体环境下信息共享行为过程中，系统质量指的是用户对于移动社交媒体客户端或移动社交媒体网页表现的感知，如移动社交媒体是否能够正常登录，功能是否丰富，响应速度是否迅速，等等。

---

[1] Shin D H. What Makes Consumers use VoIP over Mobile Phones? Free Riding or Consumerization of New Service. Telecommunications Policy, 2012, 36(4):311-323.

[2] DeLone W H, McLean E R. Information Systems Success: The Quest for the Dependent Variable. Information Systems Research, 1992, 3(1): 60-95.

用户对信息系统满意程度的一个重要影响因素是系统质量。在移动社交媒体环境下，系统质量更是不可忽视的因素，它对用户体验产生重要的影响。早期的一些移动社交媒体由于系统的稳定性不够而造成了用户怨言较多，从而流失了大量的用户，如饭否网、嘀咕网等。

在用户访谈过程中，我们了解到，用户经常在没有 Wi-Fi 等无线环境的户外登录移动社交媒体，此时由于网速等问题不能正常登录使用，并且一些用户表示，在移动设备环境下对系统进行操作有时显得不够方便灵活，用户在尝试若干次后，如果操作无效，一般则会放弃操作。

鉴于此，本研究将系统质量作为用户持续信息共享行为的重要影响因素来考察。

4.1.3.3 信息质量

信息质量来自学者 Delone 和 Malean 提出的信息系统成功模型，指的是信息系统提供的产物即信息的质量，包括信息的完整性、准确性、格式化和及时性。[1]在本研究中指的是用户共享的信息是否完整显示、及时更新、是否支持多种格式等。信息质量是影响系统成功的非常重要的因素，在移动社交媒体环境下更是如此。很多针对电子商务、社交网站用户行为的研究都表明，信息质量对用户满意度有正向的影响。随着信息质量的提高，用户对信息系统使用意愿和行为也会增加。

在访谈中，有一些用户提到，他们在登录移动社交媒体后，有时候移动社交媒体上的图片、声音、视频等非文字信息，不能清晰地在手机上显示。这在一定程度上影响了用户与好友之间的沟通交流，影响了用户持续信息共享行为。

鉴于此，本研究将信息质量作为用户持续信息共享行为的重要影响因素来考察。

4.1.4 环境维度影响因素

环境维度影响因素主要来源于社会认知理论、社会资本理论等基础理论。

---

[1] DeLone W H, McLean E R. Information Systems Success: The Quest for the Dependent Variable. Information Systems Research, 1992, 3(1): 60-95.

4.1.4.1　主观规范

主观规范由 Fishbein 和 Ajzen（1975）最早提出，指用户感受到的周围重要的人的影响，认为他是否应该采取某种行为。主观规范是指个人会遵从重要的人（领导、亲朋好友等）的意见，发生某种行为的程度。[1]与主观规范类似的概念有社会影响、社会规范，本研究整合上述的类似概念，称为主观规范。由于人是群体动物，做任何决策时除了自己本身的想法之外，还会受到周围亲朋好友的影响。主要原因在于个人希望自己的决策能得到他人的认同，在移动互联时代，这种现象越发明显。因为使用者希望自己所采用的系统，也是自己亲朋好友所使用的系统。

主观规范在大量信息行为研究文献中都被看作一个影响信息行为的重要因素。Bandura 等（1986）指出后行用户会观察并模仿先行用户的行为。Hsu 和 Lu（2004）研究认为人们希望自我行为可以获得借鉴与指导，因而会按照主观规范约束自己的行为。Goodwin（1987）认为，个体强烈希望被看作团队的一员，因此试图遵从团队的行为规范来加强与团队成员的联系。李武、赵星（2016）利用 ECM 模型构建了社会化阅读应用软件持续使用意愿的理论模型，并通过对大学生的调查问题分析发现影响社会化阅读应用软件持续使用的主要因素是期望确认、满意度和主观规范。张希风（2013）在 ECM-ISC 模型基础上构建消费者持续使用电子商务网站意愿的模型，从主观规范、习惯、自我效能和转换成本四个维度进行分析，对网购的 249 名用户进行分析，得出用户持续使用的最大影响因素是感知绩效，其次是满意度、主观规范。

鉴于此，本研究将主观规范作为用户持续信息共享行为的重要影响因素来考察。

4.1.4.2　信任

Deutsh（1985）认为信任是影响个人在进行决策行为的重要影响因素，个人会随着当下所处的环境而选择信任或不信任。Beccerra（1999）认为信任可以被建立在多种情况下，例如"个人与个人""个人对组织""个人对社会""组织对组织"等不同层次上。在许多不同学科领域如政治、经济、社会、心理等相关社会科学类的领域，都曾将"信任"作为现象产生的重

---

[1] Taylor S, Todd P A. Understanding Information Technology Usage: A Test of Competing Models. Information Systems Research, 1995, 6(2): 144-176.

要影响因素（Rousseau，Sitkin，Burt et al.，1998）。信任会影响个体的行为，在社交媒体的信息行为中也证实了信任的重要性 [1] [2][3]。

在移动社交媒体中，网络连接形成了相互扩散的网络渠道，信任推动了信息在这个网络渠道中的扩散。[4]Hus 等（2007）研究发现信任可以营造简单且坦诚的气氛，剔除掉机会主义的使用行为。现有研究又将信任划分为了不同的维度，Rotter（1967）把信任划分为，个体对其他个体的信任，个体对团体的信任。[5]

移动社交媒体中，有一部分用户以朋友、同事关系为基础建立社交网络，因此具有一定的信任基础；即使彼此互相不认识的用户，由于一些共同的爱好而聚集在一起，也会建立起部分互相信任的纽带和联系。用户之间信任程度越高，相互之间越容易进行信息共享。

鉴于此，本研究将信任作为用户持续信息共享行为的重要影响因素来考察。

4.1.4.3 社会支持与链接

根据社会资本理论所探讨的凝聚式社会资本定义，凝聚式社会资本的建立通常发生在强连接的人际关系中，人与人间的背景只有小幅不同，例如，家人与亲密朋友，他们会给予大量的情绪与社会支持（Cohen and Hoberman，1983；Putnam，2000）。Cobb（2009）定义社会支持是一种让人们拥有归属感、尊敬与被照顾的感受，是指个人可以感受或实际接收到来自他人对自己生活层面的关心与协助，也就是让当事人觉得这些人是关心他们的（Sarason et al.，1983）。当人们分享信息给他人后，有可能提升自身与所属团体的人际关系，因此累积更多的凝聚式社会资本，进而提升社会支持关系。

根据社会资本所探讨的桥接式社会资本定义，桥接式社会资本是人与

---

[1] Wang Y, Min Q, Han S. Understanding the Effects of Trust and Risk on Individual Behavior Toward Social Media Platforms: A Meta-analysis of the Empirical Evidence. Computers in Human Behavior, 2016, 56(C):34-44.

[2] Hsu M H, Ju T L, Yen C H, et al. Knowledge Sharing Behavior in Virtual Communities: The Relationship Between Trust, Self-efficacy, and Outcome Expectations. International Journal of Human-Computer Studies, 2007, 65(2):153-169.

[3] Chai S, Kim M. What Makes Bloggers Share Knowledge? An investigation on the Role of Trust. International Journal of Information Management, 2010, 30(5):408-415.

[4] 冯锐, 李亚娇. 社交网站中知识扩散机制及影响因素研究. 远程教育杂志, 2014, 32(3):41-48.

[5] 徐美凤, 叶继元. 学术虚拟社区知识共享研究综述. 图书情报工作, 2011, 55(13):67-71.

人之间所形成的较弱的社会链接（Putnam，2000），其人际圈不仅限于身边的朋友，而是跨越所属团体外更广泛的人际网络，例如，认识朋友的朋友等（Steinfield et al.，2009）。Steinfield 等（2009）对线上社区做实证研究发现，社交网站可以帮助个人创造与维持社会资本，因社交网站的特性可以让个人拥有更多的互动与互惠。而社交网站庞大的人际网络除了可以加入强连接的朋友外，也可以认识更多弱连接关系的人际网络，而这些弱连接的用户更能提供自身所属社区更广更新的信息观点。由此可知，在信息共享过程中，有可能认识更多非属自身团体的新朋友，因此累积更多的桥接式社会资本，提高社会链接程度。

鉴于此，本研究将社会支持与链接作为用户持续信息共享行为的重要影响因素来考察。

4.2　用户持续信息共享行为影响因素质性研究

尽管在用户持续信息行为研究方面已经有很多理论和模型，得到了国内外很多学者的实证检验，但是这些理论是否适用于移动社交媒体环境下用户持续信息共享行为，其中涉及的要素对移动社交媒体环境下用户持续信息共享行为是不是关键的影响要素，应当进行有效的证实。本节采用了质性分析方法，目的是结合实践中的用户观点，发现更符合实际的、关键的移动社交媒体环境下用户持续信息共享行为影响因素。

4.2.1　质性研究

在实证研究方法中，定量研究（quantitative research）方法由于其强调实证的观念成为社会科学研究方法的主流。定量研究方法源于自然科学研究领域，对量化数据的收集和对科学统计方法的追求，使其具有严谨、客观的特点。然而，社会科学与自然科学关注的领域毕竟不同，将研究结论看作客观、可证伪的观察结果，可能致使许多独特而又复杂的社会问题无法解释。

20 世纪 60 年代以来，越来越多的学者意识到，仅应用定量的方法难以研究复杂的社会问题，在需要了解个人的心理活动和意义构建时，定量研究也很难对研究者不熟悉的现象进行客观和深入的调查（陈向明，1996）。

Glesne 和 Peshkin（1992）认为质性研究是指自然环境下，采用归纳作为主要的分析方式，在研究对象所处的当时当地进行第一手资料的收集，研究者在当事人的视角下理解研究对象对事物的看法和其行为的意义，据此建立研究假设和理论，并运用证伪法与相关检验等方法对研究结果进行检验。陈晓麟（2001）认为质性研究和定量研究之间既非对立也不存在明显的基础和前提关系，这两者只是在不同层面上，从不同的视角出发，采用不同的方法对问题进行研究。由于所依循的指导思想和操作方式的不同，两种方法的侧重点也不同。质性研究侧重于对研究对象构建的主观感受及其行为意义的客观研究，研究中尽量避免研究者的主观思维对研究的客观性产生影响，因此质性研究更多采用实地考察、访谈、参与和非参与性观察、个案调查等方式。定量研究和定性研究并不相互矛盾，各有优缺点，相互补充。

质性研究方法包括定义问题、理论研究、收集资料、分析资料和理论构建五个阶段。具体到本研究主要包括：第一步提出移动社交媒体环境下用户持续信息共享行为研究的问题；第二步寻找相关理论，依据已有研究和用户持续信息共享行为的动机，确定质性分析的目标；第三步通过访谈调研收集用户持续信息共享行为的体验数据，将搜集的数据形成描述性文本；第四步对收集到的资料进行编码和分析；第五步确定移动社交媒体环境下用户持续信息共享行为的关键影响因素，形成移动社交媒体环境下用户持续信息共享行为理论模型。

4.2.2　研究设计

本研究中，笔者采用了半结构式访谈法、电子访谈法两种主要的资料收集方式。所谓半结构式访谈法，即定下访谈大纲，但谈话内容没有严格限制，也没有预设的答案，属于半开放的访谈方法。笔者在本研究中使用半结构式访谈的方法，既可以将访谈把控在一定的范围之内，不易跑题，又允许研究对象参与到研究的过程中，发挥他们的主观能动性构建研究者视角之外的研究内容，体现主体性视角。所谓电子访谈法，就是通过传真、电子邮件、网址等方式开展访谈。[1]笔者在本研究中结合了面对面的访谈和电子访谈两种方法，原因在于部分访谈对象来自网络，由于地理关系只

---

[1] 邓津，林肯. 定性研究（第 3 卷）：经验资料收集与分析的方法. 风笑天，等译，重庆大学出版社，2007.

能通过网络交流的方式进行。网络访谈的工具主要采用了 QQ 和微信。

本次访谈的目的是考察移动社交媒体环境下用户持续信息共享行为的影响因素，对理论基础中获取的影响因素进行补充和验证，并探讨该因素在本研究中的适用性和含义。本研究将影响因素分为四个维度。其中认知维度影响因素包括感知有用性、期望确认、感知价值、IT 自我效能，体验维度影响因素包括满意度、心流体验和感知风险，技术维度影响因素包括移动社交媒体特性、系统质量、信息质量，环境维度影响因素包括主观规范、信任、社会支持和链接。这些不同维度的影响因素可能对移动社交媒体环境下用户持续信息共享行为产生影响，但需进一步确认其是不是影响该行为的关键因素。

本研究考虑样本的代表性，选取样本时尽量选取不同性别、年龄、职业、专业背景和教育背景的用户，由此获取普适性看法，最终有 19 位受访者参与本次访谈，受访者人口统计学特征如表 4-1 所示。理论上来讲，停止访谈的条件是信息达到饱和，但是由于研究条件的限制，大多数访谈研究样本量不够，访谈信息尽量达到饱和状态。

表 4-1　人口统计学特征

用户	性别	年龄	城市	教育程度	职业
U1	女	25	北京	硕士	学生
U2	女	36	北京	硕士	银行职员
U3	男	27	北京	硕士	银行职员
U4	女	22	石家庄	本科	学生
U5	女	29	沈阳	博士	高校教师
U6	男	37	石家庄	本科	政府职员
U7	女	32	邯郸	本科	政府职员
U8	男	29	保定	大专	政府职员
U9	男	28	保定	硕士	医生
U10	女	35	天津	博士	高校教师
U11	女	28	唐山	硕士	高校行政
U12	女	37	天津	博士	高校教师
U13	男	21	保定	本科	学生
U14	男	34	张家口	本科	公司职员
U15	男	30	保定	硕士	医生
U16	女	21	秦皇岛	本科	学生
U17	女	42	广州	硕士	私企经理
U18	男	31	北京	博士	央企工程师
U19	女	30	上海	大专	市场推广经理

4.2.3　访谈过程和结果分析

访谈过程由三个步骤组成。第一步，介绍此次访谈的目的及移动社交媒体、信息共享等关键概念并举例说明，意在使受访者充分理解访谈内容，提高访谈效率。第二步，邀请受访者填写访谈大纲（附录 1）中的第一部分——基本信息。第三步，访谈实施。在访谈过程中，我们以下面的提问方式推进访谈活动。首先要询问用户初次使用移动社交媒体进行信息共享的一些情况，如您什么时候听说的移动社交媒体？您什么时候开始使用移动社交媒体进行信息共享活动？您能否举些相关的例子说明一下？随后追问，在使用移动社交媒体进行信息共享一段时间后，您出于什么样的原因继续保持（或不再继续）信息共享行为？您能描述一下所有可能的原因吗？还有其他的吗？您能否谈谈哪些因素会对您在移动社交媒体环境下共享信息产生影响？根据受访者回答的具体情况追问后续问题，详细的访谈大纲参见附录1。

本研究中，笔者对受访者在 2021 年 1 月 30 日至 2 月 6 日之间进行了访问。访谈结束后，首先，整理文字材料并进行核查。其次，进行编码，抽取关键语句并进行分类、概念化，再构建理论。本研究的编码工作由两位熟悉该领域并且具有丰富经验的操作者分别独立编码，再整合后完成。笔者对两位操作者进行了培训，详细解释编码程序和相关事项。最后，进行信度分析，公式如下：

$$R = \frac{nK}{1+(n-1)\,K}$$

其中，R 为信度，K 为平均相互同意度，n 为编码者人数，相互同意度 K 为：

$$K = \frac{2M}{N_1+N_2}\quad（两两比较）$$

其中，M 为两个编码者完全一致的项目，N_1 为第一位编码者所分析的项目数，N_2 为第二位编码者所分析的项目数。本研究经过编码者编码结果的两两比较得到 K=0.80[1]，代入公式，得出 R 值为 0.86，说明编码的信度较高。

---

[1] 本书小数点后统一保留一位，除第 4 至第 7 章为保持调查数据的精确度，根据各类数据具体情况保留 2~4 位。

随后,确定了影响移动社交媒体环境下用户持续信息共享行为的概念要素。

4.2.3.1　访谈对象基本信息

参加本研究的受访者共 19 人,其中女性 11 人,男性 8 人;年龄分布广泛,其中 40 岁以上 1 人,36～40 岁 3 人,31～35 岁 4 人,26～30 岁 7 人,20～25 岁 4 人。本研究在选取访谈者时,尽量考虑选取受访者在各个方面都均衡,但是由于要求访谈者具备持续信息共享经验,因此实际操作中并不能完全均衡,主要表现是女性比男性多,20～35 岁受访者偏多。

4.2.3.2　影响因素分析

为归纳出移动社交媒体环境下用户持续信息共享行为的关键影响因素,首先整理 19 位受访者的访谈记录,总结出用户体验的关键语句,这些语句能够深刻代表移动社交媒体环境下用户持续信息共享行为的影响因素。然后对这些语句分类并结合理论将因素进一步抽象化,最后形成概念。经过关键语句抽取、简化、整理,一共提取了 16 个因素,见表 4-2。

表 4-2　用户持续信息共享行为的质性分析

关键性语句	因素提炼
不要共享涉及个人隐私的信息,担心泄露隐私信息;会将涉及个人隐私的信息删除;当共享个人相片等信息时对安全性的顾虑较多	隐私
随时随地共享信息;移动智能终端的用户通过无线网络接入互联网,即可访问移动社交媒体;信息共享时不受地域的限制;不必携带电脑,利用手机可以随时随地通过移动互联网共享信息	移动性
移动社交媒体的软件做得都很好,使用时也没有什么延迟或者系统崩溃的问题,信息共享时没有延迟,很流畅;传统网站中,系统不太可靠,有时候容易崩溃,必须不断地刷新,如果移动社交媒体平台也是如此不可靠,我也不会持续在平台上共享信息;如果有类似的质量可靠的信息共享平台,我会使用它	系统质量
我认为获取和共享信息是不是足够便捷肯定会影响我的使用;在移动社交媒体上阅读信息、共享信息时,信息是否能够在所使用的移动设备上清晰、完整地显示,会影响我的持续使用;移动社交媒体中的图片、声音、视频等非文字信息,不能清晰地在手机上显示,影响了与朋友之间的沟通交流,不会继续使用该媒体共享信息	信息质量
如果我使用移动社交媒体共享信息时很费劲,我怎么会自然而然地继续使用它;有的移动社交媒体很难满足我的要求,我使用这些媒体时也不会产生满足感,缺乏娱乐精神,自然不太容易持续地使用它们共享信息;如果移动社交媒体不注重界面的美观或者系统的使用感受、反馈等,用户不会再持续共享信息	满意度

关键性语句	因素提炼
我不能控制自己使用移动社交媒体共享信息的冲动、行动；我需要花很多时间在移动社交媒体上才能感到满足；我只要有一段时间没有使用移动社交媒体共享信息，就会觉得不舒服；没有移动社交媒体，我的生活毫无乐趣可言	心流体验
移动社交媒体环境下信息共享操作是否被大家广泛使用会影响某一用户是否使用；同学经常在移动社交媒体上共享信息，因此影响我的持续信息共享行为；有些移动社交媒体如果每天登录，共享信息，经验值和等级都有提升，因此会在上面持续共享信息；在朋友的推荐下使用了移动社交媒体，并进行信息共享活动	社会影响
信息安全仅靠一个网络账户，感觉不够安全；移动设备丢失可能会造成用户信息泄露；一旦信息泄露，没有相关法律法规可以保障用户的权益；曾经听说过信息被窃取造成财产损失的事情，所以担心信息共享的安全性	安全
运营商能否保证使用安全，这一点我没有信心；因为免费使用，所以感觉安全性差；选择移动社交媒体进行信息共享时，用户会考虑运营商的实力；由于用户没有实名注册账号，而且关于这方面的法律也不健全，所以对持续信息共享活动有所顾虑	信任
我在用惯了一个移动社交媒体共享信息之后我会不由自主地接着用这个移动社交媒体，有可能我对这个移动社交媒体不太满意，但是我已经习惯了；信息共享行为形成习惯以后，那么我打开移动社交媒体后会进行一系列连贯的动作，这基本上是下意识的动作了；如果间隔一段时间没有在移动社交媒体上共享信息，我感觉有些不舒服；我经常下意识地在移动数据媒体上共享信息	习惯
我可能愿意和熟人分享一些我喜欢的东西，因为我觉得这样的话会有助于彼此的一种交流吧，比如说同学、家人；经常在移动社交媒体上交流、共享信息，我的朋友、我的亲人都变得更亲近了；我家人也在用移动社交媒体呀，所以我希望把我自己平常生活的一些点滴记录下来，共享出去，让他们能够时时刻刻看到最鲜活的一个我	"强关系"维护
在移动社交媒体上共享信息，从某种程度上拓展了交流的对象，因为其没有物质上的限制或者成本；同事的朋友，通过移动社交媒体加为好友，大家经常共享信息，在网络上熟悉了，在现实生活中见面以后就更容易相处了，见面也就能打招呼了；在移动社交媒体上共享信息让我拥有了更大的朋友圈，并从中获得帮助	"弱关系"强化
我日常大部分时间是处在工作的状态，特别是考虑很多工作上的事情，或者是说工作上有不小的压力，需要找一些渠道去舒缓，需要有人去交流，我需要一些方式例如说朋友共享的视频什么的，来放松一下，娱乐一下；共享信息可以让我通过情感的宣泄来缓和内心的紧张，减少忧虑，不断增强我的抵抗力和调节能力	消遣娱乐

关键性语句	因素提炼
我觉得转帖这个东西互动性比较强，我觉得很多人在移动社交媒体上发的帖是比较有现实意义的，很多观点都可以互动，可以看看这些观点是否符合自己的价值观；我希望可以从好友共享的信息中找到"共鸣"，获得"认同"的满足感，从而拉近双方的心理距离；我觉得有些东西很值得共享，我要是看过以后觉得真值得共享的话，那我就会加入共享的大军，这样可以给别的人提供一些信息和帮助	认同与帮助
我会在信息共享一段时间之后，根据自己的使用感受来决定是否在移动社交媒体上继续共享信息；我在移动社交媒体上信息共享的经历和感受比我先前预期的效果好一些，我会继续此行为；在移动社交媒体上浏览和共享信息对我的帮助很大	期望确认
刚开始接触微信、微博等移动社交媒体时，我就认为自己不会比其他人差，我看到别人使用得很熟练，我喜欢问别人，不怕丢面子；我感觉自己也能熟练使用移动社交媒体共享信息，相信自己能克服困难；我当初第一次使用微信在朋友圈共享信息时，我尝试申请账号，尝试着发出第一条信息，成功实现了，感觉特别喜悦；我可以用我具备的一些 IT 知识来尝试使用移动社交媒体共享信息，我感觉有很多操作是类似的；我感觉移动社交媒体共享信息操作有些复杂，自己并不能完全驾驭，心理存在抵触情绪	自我效能

4.2.3.3　结果讨论

本研究继续将上面提到的概念要素转换成被学者广泛认可的概念，增加模型的可理解性和解释范围。

社会影响印证了社会认知论中的主观规范，即用户持续信息共享行为受到周围环境的影响，包括朋友、同学、同事、媒体的影响，U5 认为移动社交媒体环境下信息共享操作是否被大家广泛使用会影响某一用户是否使用；U14 因为同学经常在移动社交媒体上共享信息，因此影响他的持续信息共享行为；U13 因为有些移动社交媒体如果每天登录，共享信息，经验值和等级都有提升，因此会在上面持续共享信息；U2 是在朋友的推荐下使用了移动社交媒体，并进行信息共享活动。本研究将社会影响、主观规范统一归纳为主观规范。

"强关系"维护和"弱关系"强化是在本次访谈中被大部分用户提到的两个要素，并且两者具有紧密的联系，本研究将这两个因素归纳为社会支持与链接，同时这两个因素也印证了感知有用性。U4 表示愿意和熟人分享一些自己喜欢的东西；U9、U13 表示持续共享信息使得自己与亲朋好友的关系都变得更加近了；U1 因为家人也在用移动社交媒体，让他们能够时时刻刻看到最鲜活的一个自己；U17 表示在移动社交媒体上共享信息，从某种程度上拓展了交流的对象，因为没有物质上的限制或者成本；U19 提到同事的朋友，可以通过移动社交媒体加为好友，大家经常共享信息，在网络上熟悉了，在现实生活中见面以后就更容易相处了，见面就能打招呼了；U11、U7、U16 在移动社交媒体上共享信息拥有了更大的朋友圈，并从中获得帮助。

移动社交媒体以处理用户的个人信息为主，以网络实现信息交流与共享，存在多种安全隐患，包括服务器安全、管理机制安全、服务安全等。U8 用户提到不要共享涉及个人隐私的信息，担心隐私信息泄露；U19 用户提到会及时删除涉密的个人信息；U7 用户认为当共享个人图片等信息时对安全性的顾虑较多；U2 用户表示信息安全仅靠一个网络账户，感觉不够安全，移动设备丢失可能会造成用户信息泄露；U6 用户认为一旦信息泄露，没有相关法律法规可以保障用户的权益；U10 用户曾经听说过信息被窃取造成财产损失的事情，所以担心信息共享的安全性。实际上，运营商可以采取多种技术手段和管理措施保障信息的安全性。综上所述，考虑信息安全和隐私关注关系密切，将二者归纳为感知风险。

信任因素在访谈中也得到了印证，U3 用户表示不确定运营商能否保证安全；U9 用户表示因为免费使用，所以感觉安全性差；U11 用户认为选择移动社交媒体进行信息共享时，用户会考虑运营商的实力；U15 认为由于用户没有实名注册账号，而且关于这方面的法律也不健全，所以对持续信息共享活动有所顾虑。

消遣娱乐、认同与帮助印证了感知价值。用户持续信息共享行为的目的是休息放松，或者共享一些有价值的信息帮助其他用户解决一些现实问题而从中获得社会认同。U5 表示工作上有不小的压力，需要找一些渠道去舒缓，需要有人去交流，需要一些方式例如通过朋友共享的视频，来放松一下，娱乐一下；U7 表示共享信息可以让他通过情感的宣泄来缓和内心的紧张，减少忧虑，不断增强抵抗力和调节能力；U12 认为转帖在移动社交媒体上功能是比较有现实意义的，很多观点都可以互动，可以看看这些观点是否符合自己的价值观；U13 认为可以从好友共享的信息中找到"共鸣"，获得"认同"的满足感，从而拉近双方的心理距离；U18 感觉有些东西很值得共享，要是看过以后觉得真值得共享的话，那么他就会加入共享的大军，这样可以给别的人提供一些信息和帮助。本研究将消遣娱乐，认同与帮助归纳为感知价值。

此外，信息质量、系统质量、满意度、心流体验、习惯、期望确认、自我效能在访谈中均得到了证实，具体关键性语句参见表 4-2。

综上所述，本研究确定信息质量、系统质量、满意度、心流体验、习惯、期望确认、IT 自我效能、感知有用性、感知风险、信任、社会支持与链接、主观规范、感知价值、移动社交媒体特性 14 个概念要素，作为移动社交媒体环境下用户持续信息共享行为的关键影响要素。

4.3　本章小结

本章首先从相关理论和已有研究中选择可能影响用户持续信息共享行为的因素，将其分为四个维度详细分析。其次，调研实践中用户的体验，这样可以对理论分析中提炼的影响因素进行补充和验证，获得关键因素，为实证研究提供坚实的理论基础。

第5章 移动社交媒体环境下用户持续信息共享行为模型构建

移动社交媒体环境下用户持续信息共享行为模型将影响用户持续信息共享行为的因素概念化、结构化、系统化、简洁化，用于解释和预测移动社交媒体环境下用户持续信息共享行为，并为实证研究提供理论基础。模型的主体由行为影响因素及其关系构成，其中行为的影响因素有很多。首先，本研究前述章节从理论和实践两个视角提炼用户持续信息共享行为的关键影响因素。其次，依据相关研究和理论，推导出移动社交媒体环境下用户持续信息共享行为模型。最后，解释模型中的研究变量及构建研究变量测量量表，确保移动社交媒体环境下用户持续信息共享行为模型的系统性和科学性。

5.1 模型适用条件

本研究提出的行为模型遵循以下四个适用条件。（1）本模型主要是关注用户持续信息共享行为相关的影响因素，没有考虑影响较小或短期内无法改变的因素，但这些因素也可能会对移动社交媒体环境下用户持续信息共享行为产生影响，如移动社交媒体的集成性、移动设备的存储容量等，即本模型仅考虑了一些对用户行为影响较大的因素，而没有考虑影响较小的因素。这样取舍的原因主要有以下两点：一是考虑模型内容应该简洁、紧凑，符合模型构建的一般标准；二是考虑模型对实践的指导意义和价值，希望本模型能够为移动社交媒体运营商、管理者和终端用户提供决策依据。（2）本研究只考察了用户在移动社交媒体平台上的持续信息行为，没有考虑成本因素和营利性行为，移动社交媒体可以降低信息共享和交流的成本，并通过移动社交媒体的快速传播、随时随地共享的技术特征扩大受众范围和影响力，实践中，移动社交媒体都免费提供给用户使用。（3）移动社交媒体环境下用户信息共享行为可以分为两个阶段，即初步采纳使用和持续使用行为，本研究主要探讨持续使用阶段的用户行为。（4）本研究的行为模型适用于个人，不适用于组织层面的持续信息共享行为，即不适用于移动社交媒体运营商或类似的公众号等。本研究关注的焦点是用户持续信息共享行为，本身就对研究对象进行了明确的概括和界定。

5.2　模型构建

本研究从理论分析视角对已有文献中关键的影响因素进行选取和提炼，从实践视角出发质性分析和总结归纳了实际用户持续信息共享活动的影响因素，两种视角相互补充和印证，最终科学合理地设置自变量及其关系，构建了移动社交媒体环境下用户持续信息共享行为的理论模型。具体过程如下。

（1）依据 EECM-ISC 模型的理念，当用户的期望被确认，那么他就会感到满意，也会积极地影响用户行为意愿、认知和情感信念并且愿意产生持续性行为。[1][2]大部分采用 EECM-ISC 模型的研究者通常都用感知有用性来表示用户使用后的认知期望即再次确认或再次期望。在移动社交媒体情境下，用户的认知期望不仅仅来自感知有用性，仍然存在诸多要素影响用户的再次期望，并且用户对不同信息系统对象的再次期望也不尽相同。已用研究表明，扩充用户使用后认知期望所包含的内容能够更好地解释和预测用户持续性行为，从而提高模型的解释力。[3]因此，本研究在已有研究文献的基础上，结合第 2 章中的使用与满足理论和感知价值理论，第 3 章中的用户持续信息共享动机分析，在模型中添加了感知价值影响因素。

（2）依据社会认知理论中主观规范对行为意愿的影响关系，构建主观规范影响用户持续信息共享意愿和用户持续信息共享行为。依据信息系统成功模型并结合已有研究文献的相关内容，确定信息质量和系统质量作为重要的研究变量。依据社会资本理论和相关文献的研究结果，在移动社交

[1] Bhattacherjee A. Understanding Information Systems Continuance: an Expectation-confirmation Model. Mis Quarterly, 2001, 25(3):351-370.

[2] Bhattacherjee A, Perols J, Sanford C. Information Technology Continuance: A Theoretic Extension and Empirical Test. Data Processor for Better Business Education, 2008, 49(1):17-26.

[3] Thong J Y L, Hong S J, Tam K Y. The Effects of Post-adoption Beliefs on the Expectation-confirmation Model for Information Technology Continuance. International Journal of Human - Computer Studies, 2006, 64(9):799-810.

媒体环境下信任、主观规范很好地体现了社会资本的认知维和结构维，另外依据感知风险理论和用户访谈的结果，将感知风险设计为信任的前置影响因素。

（3）依据使用与满足理论并结合已有研究文献的相关内容，个体在进行其喜欢的工作时将会产生一种特别的感觉，这种感觉使人全神贯注于某项工作中，并享受它，因此将心流体验作为可能影响用户持续信息共享行为的重要因素。而且，人类会通过结果预期执行行为功能[1]，即人们形成对自己能够完成任务的信念，预测未来行为的可能结果。移动社交媒体作为信息系统的一种，用户在持续信息共享过程中可能会考虑 IT 自我效能因素的影响，因此本研究将 IT 自我效能纳入影响因素。另外，通过用户访谈可以归纳出，移动社交媒体环境下用户持续信息共享行为也会受到移动社交媒体特性（服务可达性和快速传播性）、社会支持与链接这两个与移动社交媒体相关的重要因素的影响。

（4）移动社交媒体环境下用户持续信息共享行为是具有主观性、层次性和动态性的行为过程。在前述章节对移动社交媒体环境下用户持续信息共享行为过程分析可知，其行为可分为有意识的过程和无意识的过程。有意识的过程是移动社交媒体用户对感知的各种利益进行评估从而决定未来是否继续参与信息共享活动，而无意识的过程是在内外部因素不变的理想情况下个体存在自动重复过去行为的倾向，形成情感依赖最终成为一种习惯。习惯是一种常规行为，往往发生在潜意识中，是自动行为倾向的一种反映。一旦个人产生习惯，那么则有可能反复体验享受和满足，其作用不仅是针对具体情况的自动化习惯，而且也是持续行为的前因，以增加现有行为持续的可能性。因此，将习惯作为变量引入模型中，以判断习惯是不是影响移动社交媒体环境下用户持续信息共享行为的关键因素。

（5）将结果要素定义为用户持续信息共享行为。将用户行为意愿代替实际行为会导致最终研究结果存在偏差，Davis（1989）对两者的相关关系进行了实证研究，相关系数仅为 0.35，结果表明用行为意愿替代实际行为并不科学。鉴于此，本研究的结果要素是用户持续信息共享行为。

综上所述，本研究确定的移动社交媒体环境下用户持续信息共享行为

---

[1] Bandura A A. The Social Foundations of Thought and Action: A Social Cognitive Theory. Pearson Schweiz Ag, 1986, 617(1):169-171.

模型如图 5-1 所示，模型中潜变量用椭圆符号表示，将变量名称标注于椭圆符号中；有向箭头表示变量之间的相互关系。在模型中影响用户持续信息共享的原因变量又被划分成了认知维度、体验维度、技术维度和环境维度四个维度。其中认知维度包括感知有用性、期望确认、感知价值、IT 自我效能；体验维度包括满意度、心流体验、感知风险；技术维度包括移动社交媒体特性、系统质量、信息质量；环境维度包括主观规范、信任、社会支持与链接。此外，本研究还考察了个体特征（人口统计学特征和使用经验）对移动社交媒体环境下用户持续信息共享行为的影响。

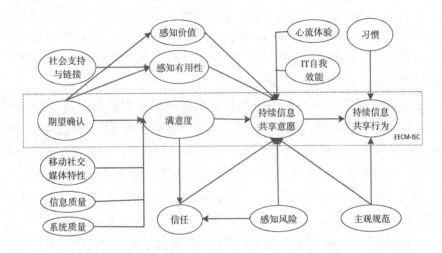

图 5-1　移动社交媒体环境下用户持续信息共享行为模型

5.3　研究假设

根据已有实证研究结论和本研究提出的用户持续信息共享行为模型，提出以下实证研究假设。

1）基于 EECM-ISC 模型的相关假设

Bhattacherjee（2001a，2001b）基于个体持续使用决策和消费者重复购买决定的一致性提出了 ECM 和信息系统持续使用模型，认为个体持续使用意愿主要取决于三个变量：用户满意度、期望确认程度和后采纳的期望即感知有用性。用户的满意程度对信息系统的持续使用意愿有正向影响，反过来，期望确认程度和感知有用性也促进了用户的满意度。

在 EECM-ISC 模型中，期望确认正向影响感知有用性。[1]当用户的期望与感知到的有用性不能相互匹配时，则产生了期望不确认的情况。因此，本研究认为，期望确认对感知有用性有显著正向影响。

用户在使用过程中的认知与使用前的预期越一致，说明移动社交媒体环境下用户信息共享所实现的期望收益越大，那么用户对移动社交媒体环境下的信息共享活动的整体评价就越高，即满意度越高。因此，本研究提出假设，期望确认对满意度有显著正向影响。

移动社交媒体环境下用户持续信息共享过程中，满意度表明用户对当前共享行为的偏好，而当前偏好对未来的偏好有一定的预测作用，因此满意度对未来的行为有预测能力，满意度越高的用户在未来时间内信息共享的次数越多，共享频率上升。用户在感知使用移动社交媒体进行信息共享满意时，会加强他持续行为的意愿。

感知有用性是信息系统采纳和持续使用研究中的一个重要影响因素。[2][3]如前章节所述，感知有用性是人们理性思维的结果。对绩效提升越大的信息系统，越得到人们的青睐，使用意愿越显著。在移动社交媒体环境下，用户希望通过信息共享行为更好地扩展和维护社会网络，感知有用性仍然是影响用户持续信息共享意愿的重要因素。因此，本研究提出感知有用性对用户持续信息共享意愿有显著正向影响。

目前对移动社交媒体环境下用户持续信息共享的研究文献很少，虽然目前还没有文献直接证明移动社交媒体用户持续信息共享意愿与满意度、期望确认、感知有用性之间的相互关系，但是已有很多研究在其他不同领域证实了以上 4 个变量之间的相互影响。如电子服务（Liao et al.，2007）、数字化学习（Lee，2010）、社会化网络持续使用（Hu et al.，2008；Rosen et al.，2008；Hsu et al.，2014）等。据此，本研究根据 EECM-ISC 模型提出以下假设：

H1：期望确认对感知有用性有显著正向影响。

H2：期望确认对满意度有显著正向影响。

---

[1] Bhattacherjee A. Understanding Information Systems Continuance: an Expectation-confirmation Model. MIS quarterly, 2001: 351-370.

[2] Davis, Fred D. Perceived Usefulness, Perceived Ease of Use, and User Acceptance of Information Technology. MIS Quarterly, 1989, 13(3):319-340.

[3] Bhattacherjee A. Understanding Information Systems Continuance: an Expectation-confirmation Model. MIS Quarterly, 2001: 351-370.

H3：满意度对持续信息共享意愿有显著正向影响。

H4：感知有用性对持续信息共享意愿有显著正向影响。

H5：IT 自我效能对持续信息共享意愿有显著正向影响。

2）各维度因素与满意度、持续信息共享意愿的研究假设

移动社交媒体可以帮助用户随时随地实现信息共享，提供了便利条件。根据 Smith and Moutinho（2000）的研究，用户的满意度受到便利条件的显著正向影响。因此，本研究提出假设：

H6：移动社交媒体特性对满意度有显著正向影响。

在 D&M 模型中，系统质量对满意度存在影响。由于用户随时随地都可能访问移动社交媒体，因此系统能正常登录使用、功能丰富、用户可以灵活地在移动设备环境下顺利使用系统，是用户感到满意的保证和基础。因此，本研究提出假设：

H7：系统质量对满意度有显著正向影响。

同时，同上述系统质量相同，信息质量也会对用户满意度存在直接影响。[1]用户在移动社交媒体环境下共享信息，最重要的就是跟其他用户交流、互动，而这种交流互动最重要的媒介就是信息。如果移动社交媒体提供的文字、图片、声音、视频等内容可以清晰地显示在移动设备上，用户可以很好地更新自己的信息，发表或转发信息，那么用户的满意度也会提高。因此，本研究提出假设：

H8：信息质量对满意度有正向显著影响。

社会资本理论所阐述的凝聚式社会资本和桥接式社会资本，发展出社会支持与社会链接（Putnam，2000；Kim et al.，2006；Patulny and S，2007）两个要素，前者是以紧密的强连接为导向的人际关系，后者是以广泛的弱连接人际网络为导向的人际关系（Putnam，2000）。此外，用户在信息共享后，会去观察与他人的关系是否有改善（Constant et al.，1994），也就是期望能够在信息共享后得到人际关系提升的效果。用户参与社交媒体的动机除了搜寻与交换信息外，人际的社交关系也是让成员在社交媒体停留更久与分享信息的重要因素（Rding and Gefen，2004；Wasko et al.，2005）。本研究认为社会支持与链接的提升与改善对感知有用性存在正向影响，进而

---

[1] DeLone W H, McLean E R. Information Systems Success: The Quest for the Dependent Variable. Information Systems Research, 1992, 3(1): 60-95.

影响持续信息共享意愿，故提出如下假设：

H9：社会支持与链接对感知有用性有显著正向影响。

Sun 等（2014）利用 UTAUT 模型理论对中国 320 名在线社会网络持续使用的研究中发现感知愉悦性、信任、主观规范、努力期望会影响用户的持续意愿。张希风（2013）利用 ECM-IT 理论构建消费者持续使用电子商务网站的模型，从主观规范、习惯、自我效能和转换成本四个维度对网购的 249 名用户进行分析，得出感知绩效、满意度、主观规范等因素对持续使用意愿有影响。李曼静（2015）以 ECM 理论为依据，引入感知风险和感知愉悦性两个外生变量，对国内科学网、小木虫等学术虚拟社区用户持续使用意愿进行调查分析，认为信任、满意度、期望确认度和社区交往与互动是影响用户持续使用意愿的主要变量。心流体验是当个体投入到某个工作中产生的一种特殊感觉，在这种感觉中肢体动作仿佛被某种逻辑引导，产生没有意识的控制。很多学者（Shin et al.，2014；Hoffman et al.，1996）已经在现有的研究结果中证实了这种影响。移动社交媒体环境下用户持续信息共享时可以进入心流体验，心理体验会影响用户持续信息共享的意愿和行为。综上所述，本研究提出以下假设：

H10：主观规范对持续信息共享意愿存在显著正向影响。

H11：主观规范对持续信息共享行为存在显著正向影响。

H12：信任对持续信息共享意愿存在显著正向影响。

H13：满意度对信任存在显著正向影响。

H14：感知风险对信任存在显著负向影响。

H15：心流体验对持续信息共享意愿存在显著正向影响。

3）感知价值与期望确认、持续信息共享意愿

Al-Debei and Al-Lozi（2013），将感知价值引入计划行为理论中用来解释用户持续参与 Facebook 的意图和行为，研究发现感知价值正向显著影响用户持续参与意愿。Kim（2010）利用 ECT 模型、TPB 模型来解释韩国移动数据用户持续使用移动数据服务的行为意愿，结果显示感知价值正向影响用户持续使用。顾睿、胡立斌、王刊良（2013）考察了感知价值，同时考虑社交网站的特点及社会影响的作用，提出社交网站用户忠诚度的概念模型。他们采用因子分析和结构方程模型的实证方法对收集到的 289 个在校学生的数据进行分析，研究结果表明，享乐价值和实用价值正向影响用户满意度。Featherman 和 Pavlou（2003）基于感知风险理论和技术接受模

型预测了消费者对电子服务的接受度，结果表明感知风险对电子商务行为有负面影响。Luo 等（2010）针对手机银行服务这种使用行为意愿进行了研究，指出手机银行的多重风险构成维度，并验证了感知风险对手机银行使用意愿有负向影响。赵鹏、张晋朝（2015）利用 ECM 模型，从用户满意度和感知风险视角分析在线存储服务持续使用意愿，结果满意度正向影响持续使用意愿，感知风险负向影响持续使用意愿。从综上所述，本研究提出以下假设：

H16：期望确认程度对感知价值存在显著正向影响。

H17：感知价值对持续信息共享意愿存在显著正向影响。

H18：感知风险对持续信息共享意愿存在显著负向影响。

4）习惯

根据美国心理学家 Reber（1995）在其所著的《心理学词典》中指出，习惯可以指通过重复而自动化了的、固定下来的且无须努力就轻而易举地实现的活动模式。目前，移动社交媒体都是免费使用的，用户可能每隔一段时间就要登录一次移动社交媒体，长此以往便可能形成一定的习惯。习惯不仅仅是一种行为模型，同时也会给人们带来情感上的满足和依恋。当用户每天都习惯打开移动社交媒体进行信息共享的时候，这对于用户的持续共享行为可能会起到加强的作用。已有研究证明持续行为受到习惯变量的控制，如 Gefen（2004）、Kim 等（2005）等。由于 Davis 的模型基于理性行为理论提出，EECM-ISC 整个模型的前提也是把用户视为理性人。而习惯恰恰是与理性行为相对立的影响行为的因素，可以认为，当用户形成信息共享习惯之前，其持续信息共享行为主要受到认知因素的影响，而当用户形成每天放松娱乐时不由自主地打开移动社交媒体进行信息共享以至于形成习惯时，用户便可能会形成更为持久的持续行为。因此，当用户对持续信息共享行为感到厌倦甚至打算停止持续行为的时候，行为习惯以及所形成的情感依恋可能会加强用户的持续行为，因此本研究提出假设：

H19：习惯对于用户持续信息共享行为存在显著正向影响。

5）持续信息共享意愿与持续信息共享行为

Bhattacherjee 强调，任何理论模型的最终目的是预测用户的行为，而非仅仅是行为意愿。然而，当用户产生使用意愿的时候，并不意味着用户会履行内心的想法，受到一些外在因素的影响或者由于用户自身能力所限，用户可能会放弃意愿。一些关于用户做出理性决策的理论如计划行为理论和理性行为理论都指出，用户的意向是对其行为最为显著的预测因素，TAM 模型及其扩展模型也都运用了这一规律。由于用户持续信息共享行为在很大程度上也是用户理性做出选择的过程，据此，本研究提出以下假设：

H20：用户持续信息共享意愿对用户持续信息共享行为存在显著正向影响。

5.4 变量释义与测试题项

1）感知有用性

感知有用性是指用户对使用移动社交媒体信息共享服务在个人生活或工作中是有用的认知。Davis 等（1989）将感知有用性定义为一个人认为使用 IT 会增进他的工作绩效的程度。本研究对感知有用性的定义为用户认为使用移动社交媒体进行信息共享会改善其个人生活或工作绩效的程度。感知有用性的测量题项参考 Bhattacherjee（2001b）、Davis 等（1989）、Venkatesh 和 Bala（2010）的感知有用性的量表，见表 5-1。

表 5-1 感知有用性测量表

变量	编码	题目	参考文献
感知有用性	PU1	移动社交媒体信息共享过程可以让我认识很多朋友	Bhattacherjee（2001b）；Davis et al.（1989）；Venkatesh and Bala（2010）
	PU2	移动社交媒体给我提供了一个信息持续共享的平台	
	PU3	我发现参与移动社交媒体中进行信息共享对我的个人生活或工作是有用的	

2）期望确认

本研究参考 Bhattacherjee（2001b）对期望确认的定义进一步修正并重新定义为用户在使用移动社交媒体进行信息共享活动后，感受到其对移动社交媒体信息共享的事前期望与实际绩效之间的一致性程度。此外，本研究亦参考 Bhattacherjee（2001b）、Oliver（1993）对期望确认的测量题项，结合具体的应用情境，修改后测量题项如表 5-2 所示。

表 5-2　期望确认测量表

变量	编码	题目	参考文献
期望确认	CON1	使用移动社交媒体进行信息共享的经历比我预期的要好	Bhattacherjee（2001b）；Oliver（1993）
	CON2	通过信息共享给我带来的好处超过了我的预期	
	CON3	整体来说，我对使用移动社交媒体共享信息的大多数期望都被确认	

3）感知价值

感知价值的测量题项参考 Eccles（2005）、Lin 等（2005）、Kim（2010）研究中的题项设置，并结合实际情况加以修改，得出本研究感知价值的测量题项，如表 5-3 所示。

表 5-3　感知价值测量表

变量	编码	题目	参考文献
感知价值	PV1	我认为使用移动社交媒体完成信息共享是一件很有趣的事情	Eccles（2005）；Lin et al.（2005）；Kim（2010）
	PV2	我认为通过移动社交媒体共享信息帮助其他用户解决信息需求问题让我感觉很好	
	PV3	持续信息共享有助于我获得更多的积分或用户级别	
	PV4	用户持续信息共享有助于社区对我的认可	

4）IT 自我效能

根据 Bandura（1977）的相关研究，自我效能是自己判断自身是否能完成某项特定任务，即个体认为可以成功执行某种行为的信念。本研究将 IT 自我效能定义为用户使用移动社交媒体可以成功达到信息共享目标的自我信念。同时参考 Taylor 和 Todd（1995）、Compeau 和 Higgins（1995）的问卷量表，针对移动社交媒体用户持续信息共享行为做适当的修改，如表 5-4 所示。

表 5-4　IT 自我效能测量表

变量	编码	题目	参考文献
IT 自我效能	SF1	我具备使用移动社交媒体软件的知识和技能	Taylor and Todd（1995）、Compeau and Higgins（1995）
	SF2	即使没有人帮助，我也有信心使用该移动社交媒体进行信息共享活动	
	SF3	即使没有操作指南可以参考，我也有信心使用该移动社交媒体进行信息共享活动	

5）满意度

满意度是指用户对于移动社交媒体信息共享服务在情感上的感觉。满意度最早由 Locke（1976）在工作绩效的情境中定义为从评价个人的工作所产生的一种愉悦或正面的情绪状态。Oliver（1981）在消费情境中将满意度定义为当情绪环绕着不确认的期望与消费者之前有关消费经验感受连接在一起时所产生的综合心理状态。Bhattacherjee（2001b）在信息系统情境下，将满意度定义为用户对信息系统过去使用的感觉。本研究将满意度定义为用户对于移动社交媒体信息共享服务使用的整体满意程度。满意度的测量题项参考 Bhattacherjee（2001b）和 Roca 等（2006）研究中的题项设置，并结合实际情况加以修改，得出本研究的满意度的测量题项，如表 5-5 所示。

表 5-5　满意度测量表

变量	编码	题目	参考文献
满意度	SA1	通过移动社交媒体进行信息共享能够满足我的各种需求（信息交流、娱乐性、社交需求等）	Bhattacherjee（2001b）；Roca et al.（2006）
	SA2	整体而言，我认为此移动社交媒体的信息共享服务是成功的	
	SA3	我对参与此移动社交媒体信息共享的经历感到满意	

6）心流体验

本研究认为，心流体验是用户使用移动社交媒体共享信息时产生心流的效果对用户持续行为的影响程度。测量题项参考 Novak 等（2003）研究中的题项设置，并结合实际情况加以修改，得出本研究心流体验的测量题项，如表 5-6 所示。

表 5-6　心流体验测量表

变量	编码	题目	参考文献
心流体验	FE1	共享信息时，我感觉时间过得特别快	Novak et al.（2003）
	FE2	共享信息时，我所有的注意力都集中在这件事情上	
	FE3	共享信息时，我完全被这件事吸引住了	
	FE4	共享信息时，似乎没有什么事情能影响我	

7）移动社交媒体特性

本研究将移动社交媒体作为一种全新的信息技术、一类特殊的传输介质，其具有服务可达性和快速传播的特性。移动社交媒体特性的测量题项参考 Venkatesh 等（2000）、Hong 和 Tam（2006）研究中的题项设置，并结合实际情况加以修改，得出本研究的移动社交媒体的测量题项，如表 5-7 所示。

表 5-7　移动社交媒体特性测量表

变量	编码	题目	参考文献
移动社交媒体特性	MSC1	我能够随时随地登录移动社交媒体共享信息	Venkatesh（2000）；Hong and Tam（2006）；本研究设计
	MSC2	当我想要使用移动社交媒体共享信息时，就可以很方便地实现	
	MSC3	移动社交媒体可以借助人际网络将信息资源快速传递给更多用户	
	MSC4	我可以轻易地在排队、候车、乘车等情况下使用移动社交媒体共享信息	

8）感知风险

感知风险是用户的主观评估，创新技术的不确定性会给用户带来风险。风险主要包含个人隐私风险、个人利益保障风险和信息安全风险等。实际中这些风险密切相关，因此作为一个维度来测量，本研究感知风险的测量题项参考 Pavlou 等（2007）和 Wang 等（2016）研究中的题项设置；并结合实际情况加以修改，得出本研究感知风险的测量题项，如表 5-8 所示。

表 5-8　感知风险测量表

变量	编码	题目	参考文献
感知风险	PR1	使用移动社交媒体共享信息可能带来不可预知的后果	Pavlou et al.（2007）；Wang et al.（2016）
	PR2	使用移动社交媒体共享信息具有较大的风险	
	PR3	移动社交媒体或服务提供方可能中断服务	
	PR4	我很担心其他人会在不被允许的情况下访问到我的个人信息	

9）信息质量

信息质量来自学者 Delone 和 Malean 提出的信息系统成功模型，指的是信息系统提供的产物即信息的质量，包括信息的完整性、准确性、格式化和即时性。[1]在本研究中指的是用户共享的信息是否完整显示、及时更新、是否支持多种格式等。信息质量的测量题项参考 Wan 和 Strong（2007）、Hsu 等（2007）研究中的题项设置；并结合实际情况加以修改，得出本研究信息质量的测量题项，如表 5-9 所示。

表 5-9　信息质量测量表

变量	编码	题目	参考文献
信息质量	IQ1	我认为移动社交媒体提供的信息是非常及时而迅速的	Wan and Strong（2007）；Hsu（2007）
	IQ2	我觉得移动社交媒体上能够共享和浏览丰富的文字、图片、视频等内容	
	IQ3	我觉得在移动社交媒体上我的好友们发布的信息是准确的、多数人认可的	
	IQ4	移动社交媒体中的文字、图片、视频等内容可以很好地在移动设备屏幕上显示	

10）系统质量

系统质量来自学者 Delone 和 Malean 提出的信息系统成功模型，本研究中系统质量指的是用户对于移动社交媒体客户端或移动社交媒体网页表现的感知，如移动社交媒体是否能够正常登录，功能是否丰富，响应速度是否迅速，等等。系统质量的测量题项参考 Ranganathan 和 Ganapathy（2002）、Yoo 和 Donthu（2001）研究中的题项设置；并结合实际情况加以修改，得出本研究系统质量的测量题项，如表 5-10 所示。

表 5-10　系统质量测量表

变量	编码	题目	参考文献
系统质量	SQ1	大多数情况下，移动社交媒体都能正常登录使用	Ranganathan and Ganapathy（2002）；Yoo and Donthu（2001）
	SQ2	我认为移动社交媒体的设计很适合在移动设备（如智能手机）环境下（屏幕小、键盘操作不灵活、处理速度慢）进行信息共享活动	
	SQ3	移动社交媒体信息共享服务提供的功能很丰富，可以满足我的要求	
	SQ4	我认为使用移动社交媒体进行信息共享时响应速度很快	

---

[1] DeLone W H, McLean E R. Information Systems Success: The Quest for the Dependent Variable. Information Systems Research, 1992, 3(1): 60-95.

11）主观规范

主观规范来自 Ajzen（1985）的理性行为理论，主观规范是指个人认为大多数对他来说是重要的人觉得他应该或不应该使用这个系统的程度（Fishbein and Ajzen，1975；Venkatesh and Davis，2000）。主观规范与社会影响的概念类似，因此本研究认为主观规范不仅包括重要人物的影响，还包括来自社会其他渠道的影响。本研究将主观规范定义为用户认为对其有重要影响的亲朋好友或社会渠道对于用户使用移动社交媒体进行信息共享活动有正面看法的程度。Mathieson（1991）对比分析了 TAM 模型和 TPB 模型的变量，认为主观规范是用户持续行为的重要因素，并给出了主要的测量方法。Bhattacherjee（2000）证明了人际和外部来源的影响是主观规范的两个重要方面。本研究参考 Bhattacherjee（2000）在研究电子商务接受，Hu 和 Chiu（2004）电子服务持续使用，Zhou 和 Li（2014）对移动 SNS 在中国的持续应用时对主观规范测量题项的设置，并结合本研究实际情况进行了修改，具体测量题项如表 5-11 所示。

表 5-11　主观规范测量表

变量	编码	题目	参考文献
主观规范	SN1	对我有重要影响的人认为我应该使用移动社交媒体持续共享信息	Mathieson（1991）；Bhattacherjee（2000）；Hu and Chiu（2004）；Zhou and Li（2014）
	SN2	由于大众传媒的宣传，我会考虑持续使用移动社交媒体进行信息共享	
	SN3	对我有重要影响的人（如亲人、朋友、同事）使用了移动社交媒体持续进行信息共享，我也会使用	
	SN4	使用移动社交媒体共享信息是社会潮流，所以我会用	

12）信任

信任是持续行为意愿的一个重要的中介变量，信任是在有风险的情况下，用户产生的一种情感。在访谈中发现，信任主要来源于运营商和互联网，因此本研究界定信任包括对运营商和互联网的信任两个方面。信任的测量题项参考 William 和 Koufaris（2005）、Liu 等（2005）研究中的题项设置；并结合实际情况加以修改，得出本研究信任的测量题项，如表 5-12 所示。

表 5-12　信任测量表

变量	编码	题目	参考文献
信任	PT1	我认为我所使用的移动社交媒体能够向我提供长期和稳定的信息共享服务	William and Koufaris (2005)；Liu et al. (2005)
	PT2	我相信我所使用的移动社交媒体会保护我的个人资料（或我曾经共享过的相关信息）	
	PT3	我相信我在移动社交媒体信息共享过程是安全和值得信赖的	
	PT4	我认为我在移动社交媒体信息共享的使用体验是在不断改善的	

13）习惯

习惯被认为是自动响应的动作序列，能够在无意识的情况下引导用户执行常规行为或者出于满意而不断重复行为（Barnes，2011；Limayem et al.，2007；Verplanken，2006），有些研究证明了用户持续性行为受习惯控制（Moody and Siponen，2013；Guinea and Markus，2010）。本研究认为，习惯是用户无意识地重复以往的信息共享行为。习惯的测量题项参考Ouellette 和 Wood（1998）研究中的题项设置；并结合实际情况加以修改，得出本研究习惯的测量题项，如表 5-13 所示。

表 5-13　习惯测量表

变量	编码	题目	参考文献
习惯	HA1	在移动社交媒体中共享信息是我经常做的事	Ouellette and Wood (1998)
	HA2	如果需要共享信息，我会自觉地使用移动社交媒体	
	HA3	我已经习惯在移动社交媒体中共享信息	
	HA4	我会自然而然地在移动社交媒体中共享信息	

14）社会支持与链接

社会资本理论所阐述的凝聚式社会资本和桥接式社会资本，发展出社会支持与社会链接（Putnam，2000；Kim et al.，2006；Patulny and S，2007）两个要素。当人们分享信息给他人后，有可能提升自身与所属团体的人际关系，因此累积更多的凝聚式社会资本，提升社会支持关系；在信息共享过程中，有可能认识更多非属自身团体的新朋友，因此累积更多的桥接式社会资本，可以提高社会链接程度。社会支持与链接测量题项如表 5-14 所示。

表 5-14　社会支持与链接测量表

变量	编码	题目	参考文献
社会支持与链接	SC1	使用移动社交媒体持续共享信息可以加强与现实中朋友或同事的关系	本研究设计
	SC2	移动社交媒体信息共享和传统信息交流共同实现线上线下互动交流信息	
	SC3	通过移动社交媒体共享信息可以结识新的朋友并与其交流沟通	
	SC4	使用移动社交媒体共享信息可以让我拥有归属感、尊敬与被照顾的感受	

15）持续信息共享意愿

本研究认为，移动社交媒体环境下，用户持续信息共享意愿是指用户在完成初次信息共享活动后愿意继续共享信息的主观倾向。持续信息共享意愿的测量题项参考 Bhattacherjee（2001a）研究中的题项设置；并结合实际情况加以修改，得出本研究持续信息共享意愿的测量题项，如表 5-15 所示。

表 5-15　持续共享意愿测量表

变量	编码	题目	参考文献
持续共享意愿	CI1	我不会停止共享，将继续在移动社交媒体中共享信息	Bhattacher-jee（2001a）
	CI2	我不会选择其他媒体共享信息，会继续在移动社交媒体中共享	
	CI3	我仍将保持或是增加共享的频率	
	CI4	条件允许的情况下，我打算继续将信息在移动社交媒体中共享	

16）持续信息共享行为

信息系统持续行为反映的是用户对特定信息系统使用的一种行为，是后采纳行为的一种形式。本研究认为，用户持续信息共享行为是用户自初次完成信息共享活动后，一直在移动社交媒体共享自己的信息，包括自发的和习惯性的行为。持续信息共享行为的测量题项参考 Lee 和 Kim（2013）、

Hsu 等（2007）研究中的题项设置；并结合实际情况加以修改，得出本研究持续信息共享行为的测量题项，如表 5-16 所示。

表 5-16　持续信息共享行为测量表

变量	编码	题目	参考文献
持续信息共享行为	CB1	过去几个月中，我经常在移动社交媒体上共享信息	Lee and Kim（2013）；Hsu et al.（2007）
	CB2	在移动社交媒体上完成第一次信息共享后，我仍将继续在移动社交媒体上共享信息	
	CB3	我经常利用闲暇时间在移动社交媒体上共享信息	
	CB4	我在移动社交媒体上持续共享信息的时间超过了六个月	

5.5　本章小结

本章首先分析并提出了模型的适用条件；其次，依据影响因素及其应用情景构建了移动社交媒体环境下用户持续信息共享行为模型，认知维度的因素有感知有用性、感知价值、期望确认和 IT 自我效能，体验维度的影响因素有满意度、心流体验、感知风险，技术维度的影响因素有移动社交媒体特性、信息质量、系统质量，环境维度的影响因素有主观规范、信任、社会支持与链接，持续信息共享行为作为结果变量；最后，提出了 20 条研究假设，如表 5-17 所示。

表 5-17　研究假设汇总表

研究假设	对应编码
H1：期望确认对感知有用性有显著正向影响	CON→PU
H2：期望确认对满意度有显著正向影响	CON→SA
H3：满意度对持续信息共享意愿有显著正向影响	SA→CI
H4：感知有用性对持续信息共享意愿有显著正向影响	PU→CI
H5：IT 自我效能对持续信息共享意愿有显著正向影响	SF→CI
H6：移动社交媒体特性对满意度有显著正向影响	MSC→SA
H7：系统质量对满意度有显著正向影响	SQ→SA
H8：信息质量对满意度有显著正向影响	IQ→SA
H9：社会支持与链接对感知有用性有显著正向影响	SC→PU
H10：主观规范对持续信息共享意愿存在显著正向影响	SN→CI

研究假设	对应编码
H11：主观规范对持续信息共享行为存在显著正向影响	SN→CB
H12：信任对持续信息共享意愿存在显著正向影响	PT→CI
H13：满意度对信任存在显著正向影响	SA→PT
H14：感知风险对信任存在显著负向影响	PR→PT
H15：心流体验对持续信息共享意愿存在显著正向影响	FE→CI
H16：期望确认程度对感知价值存在显著正向影响	CON→PV
H17：感知价值对持续信息共享意愿存在显著正向影响	PV→CI
H18：感知风险对持续信息共享意愿存在显著负向影响	PR→CI
H19：习惯对于用户持续信息共享行为存在显著正向影响	HA→CI
H20：用户持续信息共享意愿对用户持续信息共享行为存在显著正向影响	CI→CB

第 6 章　移动社交媒体环境下用户持续信息共享行为模型实证研究

本研究通过对用户信息持续共享行为的调查和统计分析，来检验提出的研究模型的研究假设是否成立，进而分析移动社交媒体环境下用户持续信息共享这一复杂现象和活动中的运行规律。本研究通过问卷调查的方法，对用户持续信息共享行为进行调查，具体实施过程是"问卷设计—问卷预测试—数据收集—统计分析—假设检验"。

6.1　问卷设计

本研究采用调查问卷的方法。调查问卷是一种自我报告的方式，针对研究编制测试题项，让用户根据测试题项将自己使用移动社交媒体进行信息共享的感受、体验和意愿表达出来，然后使用统计方法发现影响因素之间和用户持续行为之间的关系。

本研究问卷设计原则参考了李怀祖（2004）、荣泰生（2009）等学者的关于问卷设计的要求，具体细则如下：（1）注意研究变量与问项的一致性；（2）语言表述通俗化；（3）采用封闭式问题；（4）注意保护隐私。

根据 Aaker、Kinear 和 Bernhardt（1999）设计问卷的思想，确立了本研究问卷设计的步骤如下。

第一步，明确研究目的。本研究设计问卷的主要目的是调查移动社交媒体环境下用户持续信息共享行为，问卷针对的调研对象为移动社交媒体用户。首先，了解移动社交媒体环境下用户持续信息共享行为的影响因素，从认知维度、体验维度、技术维度和环境维度多方面梳理与本研究相关的知识，对已有的调研指标进行分析和归纳，尽可能地保证调研问卷的信度和效度。

第二步，确定研究变量。本研究通过文献研究，查找相关理论与模型，分析并识别影响移动社交媒体用户持续信息共享行为的关键因素，构建模型并确定相关的研究变量。

第三步，开发初始问卷。首先要保证问卷的内容效度，内容效度是指测量题目是否涵盖了一个理论中概念的内涵。由于本研究在开发问卷过程中借鉴了国外的研究量表，因此需要对中英文表达存在差异的地方反复推敲，保证中文量表尽可能确切表达出原量表的真实含义。本研究的测量题项借鉴了成熟量表的设计，对于不确定的条款通过访谈来修正量表。

第四步，小样本测试。预测试的过程主要是检验问卷的信度和效度。首先由本研究领域内的专家修改问卷模糊不清的测试指标。其次，请有类似研究经验的博士同学对问卷题项进行检测、试填，使问卷的内容更贴近现实用语。最后，进行小样本问卷预调查，进一步检测问卷的信度和效度，形成正式问卷。

第五步，形成正式问卷。该步骤由三个部分组成：第一部分，问卷前言，并说明问卷的填写方法；第二部分，了解调查对象的个人信息，包括人口统计学特征、信息共享行为时间和频率等；第三部分，了解移动社交媒体环境下用户持续信息共享行为的各方面影响因素。

6.2　信度和效度检验

6.2.1　信度检验

信度指的是测量方法的可靠性，是对同一现象进行重复观察之后是否可以得到相同资料的一种反映，即样本资料测量结果的一致性和稳定性。信度的衡量方法有克隆巴赫系数（Cronbach'α）、折半信度、重测信度等。本研究采用 Cronbach'α 值来衡量样本资料的内部一致性信度。Cuieford（1965）认为：Cronbach'α 在 0.7 以上称为高度相关；0.6≤Cronbach'α<0.7 称为中度相关；Cronbach'α 在 0.6 以下称为低度相关。本研究将以此为标准，借助 SPSS 22.0 软件对预测试量表进行信度检验，并且校正后项目总分相关（CITC）系数也要进行考察。在考察时，标准是测量题项的CITC>0.5，否则删除。[1]

---

[1] Yoo B, Donthu N. Developing and Validating a Multidimensional Consumer-based Brand Equity Scale. Journal of Business Research, 2001, 52(1):1-14.

6.2.1.1 整体信度分析

采用内部一致性系数（即 Cronbach's α）检验整体量表的信度，如表 6-1 所示，α 的系数为 0.967，信度很好，说明量表具有较高的可信度。

表 6-1　量表整体信度分析

Cronbach's α	项目个数
0.967	60

6.2.1.2 各变量信度分析

本研究对预调查结果进行信度检验，各维度和题项信度情况如表 6-2 所示。本研究按照 CITC 值大于 0.5、Cronbach's α 值大于 0.8 的标准执行，从表中数据可以看出，感知价值、IT 自我效能、习惯 3 个变量的内部一致性系数大于 0.9；期望确认、感知有用性、满意度、心流体验、移动社交媒体特性、信息质量、系统质量、主观规范、信任、社会支持与链接、持续信息共享意愿、持续信息共享行为 12 个变量的内部一致性系数大于 0.8；感知风险大于 0.7，接近 0.8，此现象是由于预调查的样本量较小造成的，正式问卷调查大样本时会有较高的信度。

表 6-2　预调查问卷信度检验

维度	测量题项目数	整体 α 值	观察变量	CITC	删除该项后的 α 值
期望确认	3	0.876	CON1	0.734	0.851
			CON2	0.761	0.827
			CON3	0.795	0.794
感知有用性	3	0.841	PU1	0.719	0.786
			PU2	0.784	0.707
			PU3	0.650	0.834
感知价值	4	0.905	PV1	0.751	0.889
			PV2	0.788	0.876
			PV3	0.776	0.881
			PV4	0.831	0.860
IT 自我效能	3	0.928	SF1	0.769	0.959
			SF2	0.898	0.858
			SF3	0.893	0.862

续表

维度	测量题项目数	整体 α 值	观察变量	CITC	删除该项后的 α 值
满意度	3	0.867	SA1	0.675	0.923
			SA2	0.814	0.765
			SA3	0.808	0.771
心流体验	4	0.879	FE1	0.520	0.918
			FE2	0.850	0.799
			FE3	0.883	0.784
			FE4	0.725	0.852
移动社交媒体特性	4	0.869	MSC1	0.649	0.874
			MSC2	0.878	0.765
			MSC3	0.730	0.830
			MSC4	0.676	0.854
感知风险	4	0.797	PR1	0.609	0.692
			PR2	0.649	0.666
			PR3	0.587	0.752
			PR4	0.534	0.732
信息质量	4	0.811	IQ1	0.700	0.729
			IQ2	0.638	0.773
			IQ3	0.470	0.862
			IQ4	0.796	0.679
系统质量	4	0.879	SQ1	0.668	0.872
			SQ2	0.665	0.880
			SQ3	0.849	0.802
			SQ4	0.796	0.823
主观规范	4	0.894	SN1	0.736	0.875
			SN2	0.773	0.861
			SN3	0.794	0.854
			SN4	0.763	0.865
信任	4	0.822	PT1	0.572	0.810
			PT2	0.780	0.710
			PT3	0.831	0.678
			PT4	0.591	0.816
习惯	4	0.920	HA1	0.820	0.896
			HA2	0.727	0.926
			HA3	0.876	0.876
			HA4	0.850	0.885

续表

维度	测量题项目数	整体 α 值	观察变量	CITC	删除该项后的 α 值
社会支持与链接	4	0.841	SC1	0.747	0.774
			SC2	0.636	0.815
			SC3	0.676	0.797
			SC4	0.674	0.807
持续信息共享意愿	4	0.878	CI1	0.716	0.853
			CI2	0.638	0.880
			CI3	0.759	0.838
			CI4	0.854	0.797
持续信息共享行为	4	0.892	CB1	0.808	0.844
			CB2	0.811	0.850
			CB3	0.845	0.829
			CB4	0.615	0.915

6.2.2 建构效度检验

建构效度（construct validity）指操作变量体现抽象理论概念的程度。本研究将用户持续信息共享行为的影响因素划分为认知维度、体验维度、技术维度和环境维度四个维度，因此，从四个方面对问卷测量的建构效度进行衡量。本研究对建构效度的测量借助 SPSS 22.0，利用探索性因子分析法（EFA）实现。首先查看 KMO 值，KMO 值大则代表变量的共同因素多，适合做因子分析。本研究依据 Kaiser（1970）提出的判断标准：如 Bartlett 球形检验结果中 $P<0.05$，代表显著。而 KMO 值介于 0 到 1 之间，当 KMO=1，表示每一个变量均可以被其他变量完全预测；当 KMO 值≥0.9 时，非常适合做因子分析；当 $0.7≤KMO<0.8$ 时，则表示很适合做因子分析；当 $0.7≤KMO<0.8$ 时，则表示还不错；当 $0.5≤KMO<0.6$ 时，表示不太适合做因子分析；当 $KMO<0.5$ 时，表示不适合做因子分析。本研究以最大方差法和主成分法来提取主要因素。本研究采用以下标准进行：（1）因子特征值必须大于 1；（2）依据 Lederer 和 Sethi（1991）的研究结果，如果题项因子载荷系数小于 0.5，其不具备收敛效度，予以删除；（3）如果题项在两个或两个以上构面的因子载荷系数大于 0.5，其不具备区分效度，予以删除。

6.2.2.1　认知维度

本研究中，认知维度因素包括感知价值、期望确认、IT 自我效能和感知有用性 4 个变量。

表 6-3　认知维度 KMO 与 Bartlett 球体检验

Kaiser-Meyer-Olkin 的样本适合程度		0.884
Bartlett 球体检验	Approx.Chi-Squre	924.753
	df	78
	Sig.	0.000

对于认知维度的建构效度检验，本研究采用探索性因子分析方法。认知维度的检验结果见表 6-3，其中 KMO 值为 0.884，大于 0.7；Bartlett 球体检验结果为 0，检验显著。认知维度各变量因子载荷矩阵见表 6-4，表中各变量区分效度良好，每一个变量对应测量题项的因子载荷大于 0.5，4 组组合的累计方差的解释量是 81.991%。因此，认知维度各变量有较高的效度，在大样本测试时效度会更高。

表 6-4　认知维度各变量因子载荷矩阵

因子	元件			
	感知价值	期望确认	IT 自我效能	感知有用性
PV3	0.843	0.210	0.244	0.150
PV4	0.842	0.164	0.287	0.242
PV2	0.668	0.416	0.186	0.336
PV1	0.660	0.462	0.126	0.232
CON1	0.183	0.843	0.096	0.218
CON2	0.290	0.829	0.168	0.116
CON3	0.310	0.732	0.170	0.397
SF3	0.110	0.191	0.913	0.210
SF2	0.215	0.184	0.909	0.128
SF1	0.302	0.034	0.833	0.154
PU1	0.316	0.239	0.188	0.817
PU2	0.272	0.350	0.323	0.744
PU3	0.427	0.404	0.198	0.520
解释方差（%）	230.904	21.589	21.464	15.034
累计解释方差（%）	230.904	45.492	66.957	81.991

6.2.2.2 体验维度

本研究中，体验维度因素包括满意度、心流体验、感知风险共 3 个变量。

表 6-5 体验维度 KMO 与 Bartlett 球体检验

Kaiser-Meyer-Olkin 的样本适合程度		0.772
Bartlett 球体检验	Approx.Chi-Squre	574.018
	df	55
	Sig.	0.000

对于体验维度的建构效度检验，本研究采用探索性因子分析方法。体验维度的检验结果见表 6-5，其中 KMO 值为 0.772，大于 0.7；Bartlett 球体检验结果为 0，检验显著。体验维度各变量因子载荷矩阵见表 6-6，表中各变量区分效度良好，每一个变量对应测量题项的因子载荷大于 0.5，3 组组合的累计方差的解释量是 73.097%。因此，体验维度具有较高的效度，在大样本测试时效度会更高。

表 6-6 体验维度各变量因子载荷矩阵

因子	元件		
	满意度	心流体验	感知风险
SA3	0.911	0.177	−0.023
SA2	0.909	0.140	−0.003
SA1	0.799	0.113	−0.093
FE3	0.191	0.940	0.113
FE2	0.265	0.866	0.200
FE4	0.147	0.842	0.246
FE1	0.389	0.643	0.265
PR2	−0.188	0.155	0.810
PR1	−0.094	0.205	0.768
PR4	0.061	0.123	0.737
PR3	0.209	0.081	0.697
解释方差（%）	26.622	24.035	22.440
累计解释方差（%）	26.622	50.657	73.097

6.2.2.3 技术维度

本研究中，技术维度因素包括移动社交媒体特性、信息质量、系统质量共 3 个变量。

表 6-7　技术维度 KMO 与 Bartlett 球体检验

Kaiser-Meyer-Olkin 的样本适合程度		0.947
Bartlett 球体检验	Approx.Chi-Squre	2859.009
	df	55
	Sig.	0.000

　　同时，进行因子提取分析，用最大方差法对技术维度影响因素的所有测量题项的初始因子进行旋转，共获 3 组组合，通过分析发现题项 IQ1 因子载荷在两组构面的载荷都大于 0.5，表示其不具备区分效度（见表 6-7）。本研究认为题项 IQ1 不具备区分效度，考虑删除该测量题项，其他测量题项都通过了检验，予以保留。

　　修正题项后再次进行效度检验，技术维度各变量因子载荷矩阵见表 6-8，表中各变量区分效度良好，每一个变量对应测量题项的因子载荷大于 0.5，3 组组合的累计方差的解释量是 78.429%。因此，认为技术维度有较高的效度，在大样本测试时效度会更高。

表 6-8　技术维度各变量因子载荷矩阵

因子	元件		
	系统质量	移动社交媒体特性	信息质量
SQ4	0.816	0.374	0.156
SQ3	0.808	0.371	0.195
SQ2	0.752	0.292	0.242
SQ1	0.720	0.417	0.195
MSC1	0.225	0.831	0.134
MSC3	0.406	0.768	0.175
MSC2	0.417	0.757	0.244
MSC4	0.461	0.730	0.104
IQ3	0.311	0.223	0.915
IQ4	0.325	0.406	0.699
IQ2	0.487	0.247	0.617
解释方差（%）	34.790	31.984	11.656
累计解释方差（%）	34.790	66.774	78.429

6.2.2.4 环境维度

本研究中，环境维度因素包括主观规范、社会支持与链接、信任 3 个变量。

表 6-9　环境维度 KMO 与 Bartlett 球体检验

Kaiser-Meyer-Olkin 的样本适合程度		0.920
Bartlett 球体检验	Approx.Chi-Squre	1866.057
	df	66
	Sig.	0.000

对于环境维度的建构效度检验，本研究采用探索性因子分析方法。环境维度的检验结果见表 6-9，其中 KMO 值为 0.920，大于 0.7；Bartlett 球体检验结果为 0，检验显著。环境维度各变量因子载荷矩阵见表 6-10，表中各变量区分效度良好，每一个变量对应测量题项的因子载荷大于 0.5，3 组组合的累计方差的解释量是 72.798%。因此，认为环境维度有较高的效度，在大样本测试时有更高的效度。

表 6-10　环境维度各变量因子载荷矩阵

因子	元件		
	主观规范	社会支持与链接	信任
SN4	0.755	0.288	0.091
SN3	0.717	0.456	0.088
SN2	0.693	0.424	0.074
SN1	0.690	0.489	0.204
SC3	0.305	0.760	0.143
SC1	0.380	0.744	0.129
SC4	0.175	0.701	0.415
SC2	0.462	0.684	0.100
PT2	0.167	0.136	0.900
PT3	0.196	0.221	0.883
PT1	0.374	0.101	0.751
PT4	0.266	0.328	0.635
解释方差（%）	28.555	24.888	19.356
累计解释方差（%）	28.555	53.443	72.798

正式问卷的构成还应当包括问卷调研的目的、内容、概念说明、隐私承诺等能够正确引导用户顺利完成问卷的指标。问卷分为两个部分：第一部分调查人口统计学特征，包括使用移动社交媒体共享信息的年限、单次登录信息共享持续时间等问题；第二部分是量表，测量用户使用移动社交媒体进行持续信息共享行为的感受和态度，包括社会支持与链接、感知有用性、主观规范、感知价值、信任、期望确认、移动社交媒体特性、满意度、心流体验、感知风险、IT 自我效能、系统质量、信息质量、习惯、持续信息共享意愿、持续信息共享行为 16 个影响因素，共计 59 个测量题项组成，问卷中的题项采用李克特（Likert）7 级量表的形式。详细问卷的内容见附录2。

6.3　数据收集与初步分析

6.3.1　问卷发放与收集

6.3.1.1　样本来源

调研整体巨大时，进行普查不具有可行性和必要性，因此，本研究采用抽样的方式获取用户数据。抽样调查方法分为随机抽样和非随机抽样两大类，随机抽样需要设计抽样程序，且每一个调研被抽到的概率是已知的；非随机抽样不按照随机原则，由调查者根据研究的目的，主观设立某个标准从总体中抽取样本。本研究采用非随机抽样方法，主要原因如下：（1）前述访谈研究中，对移动社交媒体用户的特征、持续信息共享的动机有了初步的认识；（2）调查的目的是验证前述的假设；（3）严格的随机抽样的程序和方法，付出较高的时间、人力、物力、财力等成本，不适合本研究使用。

本研究采取了以下方法来确保样本的代表性：（1）被调查者必须是移动社交媒体用户，但对用户的信息共享的经验多少并无限制；（2）照顾不同年龄段的用户，防止出现某一年龄段占比过大的情况；（3）为体现用户持续行为的动态过程，需要进行两轮问卷调查，取两轮问卷调查的交集作为最终样本；（4）由于访谈过程中了解到使用移动社交媒体进行信息共享的用户主要是高校学生和企事业单位上班族，这两类用户是持续信息共享行为的主要人群，因此本研究主要选择这两个群体投放问卷。

6.3.1.2 调研方法

本研究探索性地分析了影响移动社交媒体用户持续信息共享行为的影响因素。问卷收集采用纸质版和网络调查两种方式，以网络调查方式为主。

纸质问卷就是传统的问卷调查，调查者发放给被调查者，待填写完毕后收回。网络电子问卷主要借助"问卷星"网站进行，通过建立网络平台，利用计算机网络环境收集调查数据，填写完问卷可以采用抽奖的方式对认真填写问卷的用户予以额外奖励。

根据 James 等（1982）的研究，模型的可靠性和较好的拟合优度的前提是样本数量足够多。Loehlin（1992）建议样本规模至少应达到 100，最好达到 200。Gorsuch（1997）认为样本量是测量题项的 3 倍即可。Schumacker（1996）的研究发现样本量大多介于 200~500 之间。本研究的调查问卷包含 59 个测量题项，因此，预备收集样本数量在 350~450 之间。

6.3.1.3 问卷收回结果

本研究正式发放调查问卷的时间一共两次，分别是 2022 年 6 月 1 日至 2022 年 6 月 18 日和 2022 年 7 月 10 日至 2022 年 7 月 28 日。行为心理学 21 天效应研究表明，21 天是行为变化的拐点，连续 21 天重复同一件事情会形成习惯。将两次问卷调查的时间间隔设置为 40 天，能较好地反映用户信息共享过程中行为意愿的动态变化过程。

第一次调查问卷共回收 611 份，有效问卷 462 份，有效问卷率 75.6%；第二次调查问卷共回收 576 份，有效问卷 431 份，有效问卷率 74.8%。然后利用在问卷填写时被调查者填写的电子邮件地址对两次调查的用户进行判别和筛选，最终确定有效问卷 366 份，符合结构方程分析的样本数据量需求。

基于以下标准进行问卷剔除：第一类，问卷填写倾向性过于明显；第二类，问卷填写无差异性；第三类，网络调查问卷监测其问卷回答时间，时间小于 190s 的问卷予以删除；第四类，对于不完整的有缺失项的问卷予以删除。

调查问卷回收有效率满足 Gulati 和 Nickerson（2008）提出的回收问卷有效率应该达到 55.0%的要求。综合评价，可以认为本次调查的过程和结果基本满意。

6.3.2　描述性统计分析

通过对所采集样本数据的分析，对样本的人口统计学特征，包括信息共享频率、单次共享时长、信息共享年限等的分析，从而解析样本的代表性，为解释实证分析结果提供依据。

6.3.2.1　个体基本信息统计分析

在本研究的调查中，调查对象的个体信息统计特征见表 6-11。性别方面，男性 187 人，所占比例为 51.1%；女性 179 人，所占比例为 48.9%。从样本可以看出男女人数基本各占样本总量的一半。

年龄方面，18 岁及 18 岁以下的占了 8.7%，19～30 岁的人占了 57.1%，31～40 岁的人占了 24.9%，40 岁以上的人占了 9.3%。这说明在移动社交媒体用户主要集中在 19～40 岁这个年龄段，趋于年轻化。

教育程度方面，比例最高的是大学本科，占 57.4%；其次是大专学历，占 20.7%；硕士和博士 17.1%；高中及以下占比最小，为 4.8%。

职业方面，分为了五大类，其中学生最多，占 32.5%；教师占 15.6%；企事业单位员工占 21.3%；政府员工占 16.7%；其他占 13.9%。

表 6-11　调查对象的个体信息统计

因素	选项	人数	百分比
性别	男性	187	51.1
	女性	179	48.9
年龄	18 岁及 18 岁以下	32	8.7
	19-25 岁	100	27.3
	26-30 岁	109	29.8
	31-35 岁	50	13.7
	36-40 岁	41	11.2
	40 岁以上	34	9.3
教育程度	高中以下	18	4.8
	大专	76	20.7
	本科	210	57.4
	硕士	39	10.6
	博士	24	6.5
职业	学生	119	32.5
	教师	57	15.6
	企事业单位员工	78	21.3
	政府员工	61	16.7
	其他	51	13.9

6.3.2.2　样本使用背景统计分析

除了个人基本信息外，本研究还调查了样本用户是否具有计算机专业背景、信息共享的年限、信息共享的频率和单次登录信息共享的持续时间等方面，样本使用背景的统计分析如表 6-12 所示。具有计算机背景的用户 185 人，占比 50.5%，不具有计算机背景的用户 181 人，占比 49.5%，人数基本相当。信息共享年限中 3 年以上的用户占 64.7%，人数最多，其后依次为 1~2 年（13.6%）、2~3 年（13.3%）、1 年以下（8.4%），说明被调查者大部分具有较长的信息共享年限，信息共享经验丰富。信息共享频率中"每天"的用户占 63.9%，其次是"每周若干次"，占 24.6%，"每月若干次"的用户占 11.5%，整体参与频率较高，可能与被调查用户整体趋于年轻有一定关系。单次信息关系持续时间中"半个小时以下"和"半个小时至一个小时"的用户之和占 68.3%，说明大部分用户的持续时间小于一个小时，"1~2 小时"用户占 21.9%，"2~3 小时"用户占 6.2%，"3 小时以上"用户占 3.6%。

表 6-12　样本使用背景统计

因素	选项	人数	百分比
计算机专业背景	是	185	50.5
	否	181	49.5
信息共享年限	1 年以下	31	8.4
	1~2 年	50	13.6
	2~3 年	49	13.3
	3 年以上	237	64.7
信息共享活动频率	每天	234	63.9
	每周若干次	90	24.6
	每月若干次	42	11.5
单次共享信息持续时间	半个小时以下	113	30.9
	半个小时至一个小时	137	37.4
	1~2 小时	80	21.9
	2~3 小时	23	6.2
	3 小时以上	13	3.6

6.4　重复测量方差分析

方差分析用于比较多个总体的均值是否相等，此外，还可以分析除组别之外的其他因素对观测指标是否有影响。本研究是对同一被调查对象的同一测量指标在不同时间点的测量，为了更好地反映测量指标随时间的变化趋势，采用重复测量方差分析方法。本研究选取模型中的 4 个变量（期望确认、感知有用性、满意度、持续信息共享行为）作为重复测量方差分析的测量变量，将被调查者人口统计学特征和使用经验作为复测量方差分析控制变量，检验随时间变化控制变量对测量变量的影响及显著性差异。

第一步，对数据之间的相关性进行球形（Mauchly）检验，若检验结果 p<0.05，应用重复测量方差分析，反之，采用单因素方差分析。第二步，对重复测量资料数据主体内和主体间效应检验，若 F 值达到显著（p<0.05）表示至少有两个组别均值的差异达到显著水平。第三步，对差异水平达到显著的数据采用最小显著差异法（LSD）进行事后多重比较，进一步判断组别之间的显著差异。

6.4.1　人口统计学特征对各因变量的重复测量方差分析

1）人口统计学特征对期望确认的重复测量方差分析

不同人口统计学特征对期望确认的影响分析如表 6-13 所示，性别在重复测量中对期望确认不显著，即不同性别的用户对期望确认的评价是一致的。而年龄、教育程度、职业对期望确认存在显著差异。

表 6-13　人口统计学特征对期望确认的分析结果

人口统计学特征		均值		标准差		主旨间 效果检定		事后 多重 比较
		第一次	第二次	第一次	第二次	F 值	显著性	组别
性别	男	4.9518	5.0541	1.0175	1.1189	1.1721	0.2798	—
	女	5.1832	5.1158	1.0405	0.9614			
年龄	18 岁及以下	4.9474	4.8948	1.3747	1.0221	5.5290	0.0001	2-5 2-6 3-1 3-5 3-6
	19～25 岁	5.2343	5.1983	0.9114	1.0517			
	26～30 岁	5.3762	5.2786	0.9228	0.7930			
	31～35 岁	4.9931	5.0229	0.9872	1.1179			
	36～40 岁	4.3841	5.2972	0.9922	1.2354			
	40 岁以上	4.4321	4.5964	0.6656	0.9093			

续表

人口统计学特征		均值		标准差		主旨间效果检定		事后多重比较
		第一次	第二次	第一次	第二次	F 值	显著性	组别
教育程度	高中以下	4.0400	4.0186	0.7071	0.7550	5.5610	0.0000	3-1
	大专	3.9164	4.9122	1.0318	0.6300			3-2
	本科	5.2867	5.1498	0.9812	1.0229			3-5
	硕士	5.2297	5.1784	0.8562	1.0608			4-1
	博士	4.6135	5.0865	1.1087	1.0144			4-2
职业	学生	5.0015	5.0095	1.0250	1.0347	4.0490	0.0030	4-1
	教师	4.8202	5.0936	1.0976	1.1281			4-2
	企事业单位员工	5.2159	5.2619	1.2346	1.0376			
	政府员工	5.6458	5.3302	0.7445	0.9224			
	其他	5.1967	5.2954	0.7893	0.8634			

注："/"表示不用做多重比较分析；"-"表示差别不显著，未做多重比较分析。

2）人口统计学特征对感知有用性的重复测量方差分析

不同人口统计学特征对感知有用性的影响分析如表 6-14 所示，性别、教育程度在重复测量中对感知有用性影响不显著，即不同性别、不同教育程度的用户对感知有用性的评价相对一致。而年龄层次不同、职业不同对感知有用性存在显著差异。年龄方面，"26～30 岁"用户均值水平最高；职业方面，"政府员工"的均值水平最高。但综合人口统计学特征对感知有用性的均值来看，用户普遍认为持续信息共享是有用的。

表 6-14　人口统计学特征对感知有用性的分析结果

人口统计学特征		均值		标准差		主旨间效果检定		事后多重比较
		第一次	第二次	第一次	第二次	F 值	显著性	组别
性别	男	5.4531	5.4601	0.9195	0.9783	3.2800	0.0710	-
	女	5.5465	5.4540	0.9709	0.9217			
年龄	18 岁及以下	5.0052	5.4906	1.1506	0.9511	8.7150	0.0000	6-2
	19～25 岁	5.5961	5.5354	0.7668	0.9136			
	26～30 岁	5.6041	5.6288	0.8829	0.8620			
	31～35 岁	5.2027	5.2541	0.9083	1.0163			
	36～40 岁	4.7519	4.7746	0.9142	1.1230			
	40 岁以上	4.9235	4.9486	0.7955	0.5934			

人口统计学特征		均值		标准差		主旨间效果检定		事后多重比较
		第一次	第二次	第一次	第二次	F 值	显著性	组别
教育程度	高中以下	5.5616	5.5493	0.9441	0.9967	1.0530	0.3778	-
	大专	5.0647	5.0047	0.9180	0.7163			
	本科	5.4578	5.4765	0.8544	0.8534			
	硕士	5.4975	5.5138	1.0662	1.0590			
	博士	5.2149	5.2128	0.9611	0.9929			
职业	学生	5.3211	5.3129	0.9066	0.8864	4.4810	0.0020	4-1
	教师	5.3255	5.3491	1.0806	0.9965			
	企事业单位员工	5.3882	5.4091	1.1502	1.0892			
	政府员工	5.6682	5.6224	0.9305	0.9835			
	其他	5.5145	5.5748	0.7380	0.8450			

注："/"表示不用做多重比较分析；"-"表示差别不显著，未做多重比较分析。

3）人口统计学特征对满意度的重复测量方差分析

不同人口统计学特征对满意度的影响分析如表 6-15 所示，性别、教育程度在重复测量中对满意度影响不显著，即不同性别、不同教育程度的用户对满意度的评价相对一致。而年龄层次不同、职业不同对满意度存在显著差异。年龄方面，"26～30 岁"用户均值水平最高，"40 岁以上"用户与"18 岁及以下""19～25 岁""26～30 岁"3 组用户在重复测量中对满意度存在显著差异；职业方面，政府员工的均值水平最高。

表 6-15　人口统计学特征对满意度的分析结果

人口统计学特征		均值		标准差		主旨间效果检定		事后多重比较
		第一次	第二次	第一次	第二次	F 值	显著性	组别
性别	男	5.1436	5.1541	0.82939	0.83453	7.6580	0.0060	-
	女	5.4094	5.4135	0.74765	0.74688			
年龄	18 岁及以下	5.2548	5.2548	0.87831	0.87831	8.7580	0.0030	6-1
	19～25 岁	5.4519	5.4613	0.64588	0.65367			6-2
	26～30 岁	5.5798	5.5843	0.78059	0.78778			6-3
	31～35 岁	5.1453	5.153	0.79906	0.78545			
	36～40 岁	4.7211	4.7289	0.69284	0.68209			
	40 岁以上	4.5511	4.5511	0.65053	0.65053			

人口统计学特征		均值		标准差		主旨间效果检定		事后多重比较
		第一次	第二次	第一次	第二次	F 值	显著性	组别
教育程度	高中以下	4.9005	4.93	0.80814	0.82839	2.1853	0.3557	-
	大专	4.9642	4.9642	0.6264	0.6264			
	本科	5.5792	5.5824	0.70166	0.70716			
	硕士	5.3338	5.3394	0.7465	0.75811			
	博士	4.9422	4.9517	0.81887	0.80502			
职业	学生	5.2688	5.2757	0.76238	0.76882	4.0200	0.0030	4-1 4-2
	教师	5.133	5.1411	0.82924	0.81554			
	企事业单位员工	5.1822	5.1886	0.93776	0.92811			
	政府员工	5.4866	5.4884	0.56899	0.57199			
	其他	5.3756	5.3833	0.71182	0.72795			

注："/"表示不用做多重比较分析；"-"表示差别不显著，未做多重比较分析。

4）人口统计学特征对持续信息共享行为的重复测量方差分析

不同人口统计学特征对持续信息共享行为的影响分析如表 6-16 所示，性别、教育程度和职业在重复测量中对持续信息共享行为影响不显著，即不同性别、不同教育程度、不同职业的用户对持续信息共享持有积极的态度。而年龄层次不同对感知持续信息共享行为存在显著差异。"26～30 岁"用户与"40 岁以上"用户在持续信息共享行为上存在显著差异。

表 6-16　人口统计学特征对持续信息共享行为的分析结果

人口统计学特征		均值		标准差		主旨间效果检定		事后多重比较
		第一次	第二次	第一次	第二次	F 值	显著性	组别
性别	男	4.9681	4.9616	0.93803	0.92916	0.74	0.39	-
	女	5.2862	5.2761	0.84753	0.83501			
年龄	18 岁及以下	5.1322	5.1304	0.95654	0.95391	2.1650	0.0560	3-5
	19～25 岁	5.321	5.3144	0.74948	0.73955			
	26～30 岁	5.4716	5.453	0.88753	0.87212			
	31～35 岁	4.9767	4.9684	0.90585	0.89543			
	36～40 岁	4.5023	4.5026	0.7823	0.77781			
	40 岁以上	4.9311	4.9311	0.74131	0.74131			

续表

人口统计学特征		均值		标准差		主旨间效果检定		事后多重比较
		第一次	第二次	第一次	第二次	F 值	显著性	组别
教育程度	高中以下	4.9832	4.9832	0.95487	0.95487	1.3910	0.2370	－
	大专	4.8268	4.8268	0.69738	0.69738			
	本科	5.2618	5.2502	0.79944	0.78615			
	硕士	5.2183	5.2051	0.83671	0.82352			
	博士	4.7427	4.7383	0.928	0.91922			
职业	学生	5.2913	5.2725	0.67962	0.66838	1.2750	0.2800	－
	教师	4.9957	4.9891	0.93801	0.927			
	企事业单位员工	5.0081	4.9939	1.06283	1.04375			
	政府员工	5.1208	5.1159	0.8618	0.85422			
	其他	5.2326	5.221	0.8156	0.80297			

注："/"表示不用做多重比较分析；"－"表示差别不显著，未做多重比较分析。

6.4.2　使用经验对各因变量的重复测量方差分析

1）使用经验对期望确认的重复测量方差分析

使用经验对期望确认的影响分析如表 6-17 所示，"是否具有计算机背景"和"使用频率"对期望确认影响不显著，"使用年限""持续时间"对期望确认存在显著性差异。使用年限方面，"1～2 年"和"2～3 年"的用户对比"1 年以下"的用户对期望确认程度存在显著差异；持续时间方面，"1～2 小时""2～3 小时"和"3 小时以上"用户相比"半个小时以下"用户在对期望确认存在显著差异。

表 6-17　使用经验对期望确认的分析结果

个体属性		均值		标准差		主旨间效果检定		事后多重比较
		第一次	第二次	第一次	第二次	F 值	显著性	组别
计算机背景	是	5.1906	5.2241	0.9110	0.8999	1.735	0.189	－
	否	5.0550	5.0876	0.8544	0.8391			

个体属性		均值		标准差		主旨间效果检定		事后多重比较
		第一次	第二次	第一次	第二次	F 值	显著性	组别
使用年限	1 年以下	4.8043	4.8057	1.1992	1.1834	3.528	0.015	3-1 2-1
	1～2 年	5.4029	5.4685	0.7689	0.7722			
	2～3 年	5.3926	5.4112	0.8772	0.8361			
	3 年以上	5.0530	5.0852	0.8643	0.8511			
使用频率	每天	5.2216	5.2603	0.8546	0.8636	1.058	0.349	–
	每周若干次	5.1121	5.1445	0.8961	0.8785			
	每月若干次	4.9500	4.9729	0.8727	0.8326			
持续时间	半个小时以下	4.8176	4.8390	0.9432	0.9305	2.522	0.041	5-1 4-1 3-1
	半个至一个小时	5.2207	5.2557	0.8306	0.8096			
	1～2 小时	5.1513	5.1881	0.8513	0.8527			
	2～3 小时	5.3054	5.3188	0.8154	0.8171			
	3 小时以上	5.1718	5.2188	0.9217	0.8966			

注："/"表示不用做多重比较分析；"–"表示差别不显著，未做多重比较分析。

2）使用经验对满意度的重复测量方差分析

使用经验对满意度的影响分析如表 6-18 所示，是否具有"计算机背景"和"使用频率"对满意度差异不显著，"使用年限""持续时间"对满意度存在显著性差异。使用年限方面，"1～2 年"和"2～3 年"用户相比"1 年以下"用户对满意度存在显著性差异；持续时间方面，"2～3 小时"用户相比"半小时以下"用户对满意度存在显著性差异。

表 6-18　使用经验对满意度的分析结果

个体属性		均值		标准差		主旨间效果检定		事后多重比较
		第一次	第二次	第一次	第二次	F 值	显著性	组别
计算机背景	是	5.3671	5.3782	0.8110	0.8083	1.704	0.193	–
	否	5.2501	5.2522	0.7647	0.7691			
使用年限	1 年以下	5.0000	5.0393	1.0566	1.0205	3.866	0.010	2-1 3-1
	1～2 年	5.5659	5.5659	0.6434	0.6434			
	2～3 年	5.5829	5.5997	0.7555	0.7512			
	3 年以上	5.2413	5.2450	0.7794	0.7850			

个体属性		均值		标准差		主旨间效果检定		事后多重比较
		第一次	第二次	第一次	第二次	F 值	显著性	组别
使用频率	每天	5.3004	5.3082	0.7997	0.8030	1.033	0.357	-
	每周若干次	5.3983	5.3991	0.7844	0.7859			
	每月若干次	5.1418	5.1536	0.7187	0.7044			
持续时间	半个小时以下	4.9885	4.9934	0.8536	0.8502	3.273	0.012	4-1
	半个至一个小时	5.3939	5.4009	0.7262	0.7237			
	1~2 小时	5.3487	5.3487	0.7489	0.7489			
	2~3 小时	5.4717	5.4742	0.7456	0.7498			
	3 小时以上	5.3925	5.4079	0.8132	0.8234			

注:"/"表示不用做多重比较分析;"-"表示差别不显著,未做多重比较分析。

3)使用经验对感知有用性的重复测量方差分析

使用经验对感知有用性的影响分析如表 6-19 所示,是否具有"计算机背景""使用年限"和"使用频率"对满意度差异不显著,"持续时间"对满意度存在显著性差异。持续时间方面,"半个小时以下"用户相比其他 4组用户对满意度存在显著性差异。

表 6-19　使用经验对感知有用性的分析结果

个体属性		均值		标准差		主旨间效果检定		事后多重比较
		第一次	第二次	第一次	第二次	F 值	显著性	组别
计算机背景	是	5.5321	5.5394	0.8715	0.8779	1.782	0.183	-
	否	5.4030	5.4073	0.7775	0.7836			
使用年限	1 年以下	5.4364	5.4436	1.1398	1.1299	0.902	0.582	-
	1~2 年	5.7376	5.7388	0.7305	0.7320			
	2~3 年	5.7200	5.7285	0.7931	0.8006			
	3 年以上	5.4032	5.4092	0.8080	0.8168			
使用频率	每天	5.4651	5.4707	0.8380	0.8433	1.191	0.305	-
	每周若干次	5.5532	5.5616	0.8202	0.8318			
	每月若干次	5.2707	5.2711	0.7556	0.7548			

个体属性		均值		标准差		主旨间效果检定		事后多重比较
		第一次	第二次	第一次	第二次	F 值	显著性	组别
持续时间	半个小时以下	5.1385	5.1451	0.9058	0.9133	3.072	0.017	5-1 4-1 3-1 2-1
	半个至一个小时	5.5534	5.5621	0.7521	0.7626			
	1~2 小时	5.5081	5.5140	0.7813	0.7914			
	2~3 小时	5.6200	5.6200	0.7870	0.7870			
	3 小时以上	5.5638	5.5661	0.8579	0.8577			

注:"/"表示不用做多重比较分析;"-"表示差别不显著,未做多重比较分析。

4)使用经验对持续信息共享行为的重复测量方差分析

使用经验对持续信息共享行为的影响分析如表 6-20 所示,是否具有"计算机背景""使用年限"对持续信息共享行为差异不显著,"使用频率""持续时间"对持续信息共享行为存在显著性差异。使用频率方面,"每天"用户均值高于其他两组用户,说明"每天"用户更倾向持续信息共享。持续时间方面,"2~3 小时"用户均值高于其他 4 组用户,说明"2~3 小时"用户更倾向持续信息共享。

表 6-20 使用经验对持续信息共享行为的分析结果

个体属性		均值		标准差		主旨间效果检定		事后多重比较
		第一次	第二次	第一次	第二次	F 值	显著性	组别
计算机背景	是	5.2329	5.2231	0.9263	0.9142	1.632	0.204	-
	否	5.0983	5.0906	0.8605	0.8503			
使用年限	1 年以下	4.9071	4.9043	1.1744	1.1699	0.907	0.518	-
	1~2 年	5.4650	5.4556	0.7667	0.7572			
	2~3 年	5.4488	5.4388	0.8533	0.8417			
	3 年以上	5.0932	5.0843	0.8829	0.8708			
使用频率	每天	5.3595	5.3501	0.9054	0.8941	1.356	0.003	2-1 2-3
	每周若干次	5.2751	5.2643	0.8702	0.8583			
	每月若干次	4.9350	4.9354	0.8661	0.8599			

续表

个体属性		均值		标准差		主旨间效果检定		事后多重比较
		第一次	第二次	第一次	第二次	F 值	显著性	组别
持续时间	半个小时以下	4.8180	4.8154	0.9387	0.9346	12.011	0.000	3-1 4-1 5-1
	半个至一个小时	5.2733	5.2655	0.8231	0.8111			
	1～2 小时	5.2077	5.1985	0.8739	0.8642			
	2～3 小时	5.3442	5.3308	0.8174	0.8026			
	3 小时以上	5.2318	5.2171	0.9516	0.9359			

注："/"表示不用做多重比较分析；"–"表示差别不显著，未做多重比较分析。

6.4.3　人口统计学特征影响分析总结

通过对人口统计学特征与期望确认、感知有用性、满意度和持续信息共享行为重复测量方差的分析，其显著性结果分析汇总如表 6-21 所示。

表 6-21　人口统计学特征影响分析汇总

特征	变量			
	期望确认	感知有用性	满意度	持续信息共享行为
性别	–	显著	显著	显著
年龄	显著	–	–	–
教育程度	显著	–	–	–
职业	显著	显著	显著	–
使用年限	显著	显著	–	–
使用频率	–	–	–	显著
持续时间	显著	显著	显著	显著

6.5　结构方程模型分析

6.5.1　结构方程模型

结构方程模型有两种模型构建技术：一种用来解决协方差检验（Lisrel）

方法；另一种是基于偏最小二乘法（PLS）的方差分析法，即 PLS 路径模型。PLS 是一种集成了多元回归分析等多种分析方法的迭代估计方法。PLS 方法具有很多优势：在样本数量很小或很大时，它仍然能够处理；对数据分布没有特别的要求；可以处理包含大量变量的复杂模型。

PLS 方法主要包括路径分析和 PLS 回归两种分析方法。[1]本研究选用 PLS 方法的主要原因是模型的构建是通过理论分析和质性分析获得，具有探索性质，而 PLS 方法不需要进行模型拟合，适合对探索性的模型进行检验。实现 PLS 方法的软件有 Smart PLS、S-PLUS、Visual PLS 和 PLS-Graph 等，本研究选用 Smart PLS 2.0M3，它是基于 JAVA 开发的，可以设置迭代次数、精度等，通过官方网站可以获得学习版的使用权。本研究的结构方程模型分析分为测量模型分析和结构模型分析。

6.5.2　测量模型分析

6.5.2.1　信度分析

信度是衡量没有误差的程度，指一份量表多次测量结果的一致性或稳定性。Fornell 和 Larker（1981）提出了复合信度（CR）的概念，复合信度系数达到 0.6 以上，可以认为测量工具是稳定的。从表 6-22 可以看出，第一次问卷调查所有潜变量的复合信度最小值为 0.8488，第二次问卷调查所有潜变量的复合信度最小值为 0.8328，表明在所进行的两次问卷调查中潜变量的变化能解释测量工具 80.0%的变化，远超过 0.6。因此，本研究中模型的信度良好。

6.5.2.2　效度分析

效度是指一个量表测量它所需要测量内容的能力，效度越高表示越能更好测量出所测内容的特征，包含内容效度、收敛效度和判别效度。

1）内容效度

内容效度指问卷题项对有关内容或行为范围取样的适当性及准确性，是以专业知识来主观判断所选择的尺度是否能正确衡量研究所要衡量的内容并做详细的考核，来决定问卷的题项是否具有代表性。本研究问卷的设计参考了前人成熟的研究成果，并对相关专家进行了调查访谈，而且进行

---

[1] Chatelin Y M, Tenenhaus M, Lauro C, et al. PLS Path Modeling. Computational Statistics & Data Analysis the Official Journal of the International Association for Statistical Computing, 2005, 48(1): 159-205.

了小规模测试。因此，本研究题项设计有较高的内容效度。

2）收敛效度

收敛效度是指测量同一概念时不同问项之间的相关程度。如表 6-22 所示，在两次调查问卷中各变量载荷系数的值均大于 0.5，并且在两次问卷调查中每个变量的平均方差提取值（AVE）均大于 0.5。因此，本研究中的各个变量具有很好的收敛效度。

表 6-22　收敛效度

潜变量	观测变量	第一次问卷数据				第二次问卷数据			
		样本估计值	T 值	AVE	CR	样本估计值	T 值	AVE	CR
CB	CB1	0.8654	40.9508			0.8524	39.1464		
	CB2	0.8639	53.3810	0.7392	0.9188	0.8436	45.7822	0.7054	0.9052
	CB3	0.9067	89.8746			0.8926	75.9158		
	CB4	0.7995	29.8733			0.7660	24.2482		
CI	CI1	0.8494	48.7271			0.8238	40.2723		
	CI2	0.8273	36.9535	0.7012	0.9037	0.7755	23.0090	0.6745	0.8922
	CI3	0.8240	35.6525			0.8213	37.2311		
	CI4	0.8485	42.2898			0.8622	47.9390		
CON	CON1	0.8784	59.0825			0.8636	47.5861		
	CON2	0.8778	45.1283	0.7800	0.9140	0.8728	42.3551	0.7659	0.9075
	CON3	0.8932	70.5632			0.8890	69.6543		
FE	FE1	0.7510	25.8777			0.7334	22.3949		
	FE2	0.9039	64.4488	0.6950	0.9004	0.8802	49.2228	0.6736	0.8912
	FE3	0.9050	77.6090			0.8942	73.0762		
	FE4	0.7616	28.3935			0.7629	27.5329		
HA	HA1	0.8845	68.6101			0.8514	44.3792		
	HA2	0.8653	36.0261	0.6061	0.8601	0.8322	28.1558	0.7438	0.9207
	HA3	0.8969	46.3397			0.8865	41.6420		
	HA4	0.8855	62.2803			0.8785	56.2579		
IQ	IQ2	0.8724	53.4235			0.8536	42.5234		
	IQ3	0.6393	12.1185	0.6564	0.8488	0.6677	13.3927	0.6479	0.8328
	IQ4	0.8942	72.2501			0.8771	42.2154		
MSC	MSC1	0.7956	27.4931			0.7710	23.7034		
	MSC2	0.8894	62.2195	0.7366	0.9178	0.8659	48.3588	0.6940	0.9005
	MSC3	0.8841	61.3792			0.8636	48.1047		
	MSC4	0.8607	54.4154			0.8283	40.8507		

潜变量	观测变量	第一次问卷数据				第二次问卷数据			
		样本估计值	T值	AVE	CR	样本估计值	T值	AVE	CR
PR	PR1	0.7898	23.6335	0.5996	0.8566	0.7856	18.3343	0.5936	0.8535
	PR2	0.8257	29.4227			0.8279	24.7436		
	PR3	0.7621	15.8307			0.7528	13.8193		
	PR4	0.7155	17.3849			0.7107	13.4370		
PT	PT1	0.7860	34.8109	0.7799	0.9341	0.7532	27.2741	0.5929	0.8533
	PT2	0.7621	23.4551			0.7757	25.0129		
	PT3	0.8069	30.0255			0.8130	30.5553		
	PT4	0.7581	27.1943			0.7360	23.1886		
PU	PU1	0.8653	49.4860	0.7446	0.8974	0.8569	43.0639	0.7238	0.8871
	PU2	0.8847	57.6924			0.8710	48.1601		
	PU3	0.8381	36.2380			0.8236	34.0343		
PV	PV1	0.8728	55.9587	0.7453	0.9213	0.8230	23.9139	0.7135	0.9087
	PV2	0.8699	45.6348			0.8643	44.8630		
	PV3	0.8654	37.6276			0.8569	34.0966		
	PV4	0.8447	39.0845			0.8339	32.6824		
SA	SA1	0.8134	33.0953	0.7308	0.8905	0.8116	31.9523	0.7135	0.8819
	SA2	0.8811	62.1359			0.8625	47.5880		
	SA3	0.8685	38.4304			0.8590	32.9302		
SC	SC1	0.8463	41.8266	0.6742	0.8920	0.8145	31.7864	0.6251	0.8694
	SC2	0.8541	46.4402			0.8103	32.1754		
	SC3	0.8282	32.8635			0.7991	24.1885		
	SC4	0.7517	25.1250			0.7360	22.2352		
SF	SF1	0.8652	40.3517	0.8105	0.9277	0.8334	29.9236	0.7736	0.9110
	SF2	0.9206	80.4827			0.9101	65.2939		
	SF3	0.9140	70.0084			0.8933	52.8784		
SN	SN1	0.8292	37.1289	0.6956	0.9013	0.8079	30.9123	0.6590	0.8854
	SN2	0.8364	37.8938			0.8200	32.6385		
	SN3	0.8752	50.4741			0.8442	34.0860		
	SN4	0.7931	25.5427			0.7735	22.5220		
SQ	SQ1	0.8474	39.7604	0.7339	0.9166	0.8177	30.7588	0.7140	0.9088
	SQ2	0.7670	19.7265			0.7880	21.3793		
	SQ3	0.8977	50.7153			0.8832	54.4947		
	SQ4	0.9073	77.5692			0.8868	59.7819		

表 6-23　第一次问卷调查判别效度

变量	SF	SA	HA	PT	IQ	FE	PV	PU	PR	CI	CB	CON	SA	MSC	SC	SQ
SF	0.9003															
SA	0.5066	0.8340														
HA	0.3721	0.5649	0.8831													
PT	0.3953	0.6487	0.6299	0.7785												
IQ	0.5594	0.6571	0.4786	0.6259	0.8102											
FE	0.4242	0.5159	0.3934	0.5214	0.4956	0.8337										
PV	0.6893	0.5434	0.4298	0.4296	0.5885	0.4562	0.8633									
PU	0.6433	0.5361	0.3647	0.3822	0.5162	0.3829	0.7534	0.8629								
PR	0.2986	0.4449	0.2545	0.3338	0.4337	0.4530	0.3310	0.2718	0.7743							
CI	0.4190	0.7103	0.7399	0.6845	0.5898	0.4499	0.4828	0.4337	0.3599	0.8374						
CB	0.4275	0.5918	0.7301	0.5554	0.5108	0.3704	0.4577	0.4190	0.2991	0.7828	0.8598					
CON	0.5234	0.5016	0.3939	0.4502	0.4329	0.4131	0.6515	0.6711	0.2584	0.4988	0.4073	0.8832				
SA	0.7430	0.5762	0.4555	0.4630	0.6147	0.5607	0.7826	0.6787	0.2993	0.5278	0.4885	0.6668	0.8549			
MSC	0.6465	0.6585	0.4408	0.5061	0.7003	0.4818	0.6259	0.5628	0.4219	0.4796	0.4776	0.4478	0.6239	0.8583		
SC	0.4293	0.7443	0.7003	0.6126	0.5966	0.4375	0.5535	0.5174	0.3887	0.8008	0.6315	0.4507	0.5564	0.5497	0.8211	
SQ	0.5692	0.7148	0.4918	0.5734	0.7896	0.4620	0.5726	0.5184	0.4137	0.5609	0.4971	0.4261	0.5918	0.7783	0.6204	0.8567

注：对角线上的加粗数值为潜变量平均方差提取值的平方根。

表 6-24 第二次问卷调查判别效度

变量	SF	SA	HA	PT	IQ	FE	PV	PU	PR	CI	CB	CON	SA	MSC	SC	SQ
SF	**0.8795**															
SA	0.4781	**0.8118**														
HA	0.3126	0.5045	**0.8624**													
PT	0.3632	0.6031	0.6016	**0.7700**												
IQ	0.5129	0.6140	0.4487	0.6025	**0.8049**											
FE	0.4135	0.4631	0.3484	0.4932	0.4763	**0.8207**										
PV	0.6555	0.5246	0.4105	0.4194	0.5537	0.4418	**0.8447**									
PU	0.6099	0.5173	0.3222	0.3669	0.4896	0.4045	0.7194	**0.8507**								
PR	0.2659	0.4099	0.1949	0.2884	0.3840	0.4403	0.2962	0.2605	**0.7705**							
CI	0.3714	0.6694	0.6967	0.6322	0.5531	0.4173	0.4526	0.3893	0.3170	**0.8213**						
CB	0.3784	0.5790	0.7209	0.5380	0.4982	0.3524	0.4303	0.3930	0.2687	0.7822	**0.8399**					
CON	0.5016	0.5192	0.3582	0.4531	0.4277	0.4244	0.6418	0.6376	0.2628	0.4788	0.3876	**0.8752**				
SA	0.6766	0.5302	0.3976	0.4365	0.5513	0.5376	0.7270	0.6069	0.2156	0.4687	0.4304	0.6376	**0.8447**			
MSC	0.5724	0.6099	0.3952	0.4580	0.6676	0.4835	0.5394	0.4946	0.3830	0.4381	0.4323	0.3938	0.5268	**0.8331**		
SC	0.3771	0.6986	0.6822	0.5983	0.5430	0.3811	0.5178	0.4611	0.3245	0.7600	0.6423	0.3994	0.4790	0.4802	**0.7906**	
SQ	0.5475	0.6974	0.4789	0.5521	0.7652	0.4384	0.5555	0.5083	0.3568	0.5352	0.4980	0.4478	0.5518	0.7392	0.5821	**0.8450**

注：对角线上的加粗数值为潜变量平均方差提取值的平方根。

3）判别效度

判别效度可以用来判定量表中各变量相互区分的程度。判定时比较 AVE 的平方根与变量的相关系数。若 AVE 大于相关系数，说明量表具有很好的判别效度。本研究两次问卷调查中各潜变量的 AVE 平方根及各潜变量之间的相关系数计算结果如表 6-23、表 6-24 所示。

从表 6-22 可以看出，AVE 平方根值远大于表格左下方的数值，说明潜变量平均方差提取值的平方根远大于潜变量之间的相关系数。例如，潜变量 SF 的 AVE 的平方根为 0.9003，而 SF 与其他潜变量 SA、HA、PT、IQ 、FE、PV、PU、PR、CI、CB、CON、SA、MSC、SC、SQ 之间的相关系数分别为 0.5066、0.3721、0.3953、0.5594、0.4242、0.6893、0.6433、0.2986、0.4190、0.4275、0.5234、0.7430、0.6465、0.4293、0.5692，都远小于 0.9003，说明潜变量 SF 与其他潜变量有较好的区分效度。同理其他潜变量的区分效度较好。

同理，第二次问卷调查从表 6-23 可以看出，AVE 远大于表格左下方的数值。综上所述，说明本研究的量表具有良好的判别效度。

6.5.3　结构模型分析

本研究利用 SmartPLS 2.0 M3 软件，得到模型的路径系数，利用拔靴法（bootstrapping）得到 T 检验值，并得到多元相关平方 R^2 检验值。结构方程模型如图 6-1 所示。

由于 PLS 方法不提供路径系数信任区间的估计以及统计显著性检验。而为了估计路径系数的显著性及检验，Bollen 和 Stine（1992）建议采用 bootstrapping 法来估计系数的显著性。本研究通过 bootstrapping 法计算出的 T 值来判断路径系数是否显著，路径系数及 T 值越大，该路径越显著（T<1.645，不显著；1.645<T<1.960，在 P<0.1 水平上显著；1.960<T<2.576，在 P<0.05 的水平上显著；T>2.576，在 P<0.01 的水平上显著）。根据构建的结构方程模型，利用 Smart PLS 对模型进行概述，并将两次调研的数据导入模型中，其结果如表 6-25 所示。

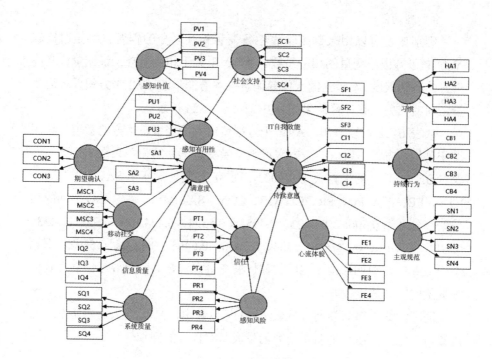

图6-1　结构方程模型图

表6-25　假设检验结果

研究假设	路径系数		显著性		结果
	第一次	第二次	第一次	第二次	
H1：期望确认对感知有用性有显著正向影响	0.1830	0.1886	**	**	均支持
H2：期望确认对满意度有显著正向影响	0.4399	0.3313	***	***	均支持
H3：满意度对持续信息共享意愿有显著正向影响	0.1324	0.1418	***	***	均支持
H4：感知有用性对持续信息共享意愿有显著正向影响	0.1681	0.1543	**	**	均支持
H5：IT自我效能对持续信息共享意愿有显著正向影响	0.0733	0.0584	**	**	均支持
H6：移动社交媒体特性对满意度有显著正向影响	0.1654	0.2249	**	***	均支持
H7：系统质量对满意度有显著正向影响	0.1598	0.1818	***	***	均支持
H8：信息质量对满意度有显著正向影响	0.1962	0.2221	***	***	均支持
H9：社会支持与链接对感知有用性有显著正向影响	0.6799	0.6578	***	***	均支持
H10：主观规范对持续信息共享意愿存在显著正向影响	0.3117	0.3354	***	***	均支持

研究假设	路径系数		显著性		结果
	第一次	第二次	第一次	第二次	
H11：主观规范对持续信息共享行为存在显著正向影响	0.0411	0.0347	ns	ns	不支持
H12：信任对持续信息共享意愿存在显著正向影响	0.1846	0.1266	***	**	均支持
H13：满意度对信任存在显著正向影响	0.4479	0.4547	***	***	均支持
H14：感知风险对信任存在显著负向影响	−0.1975	−0.1714	***	***	均支持
H15：心流体验对持续信息共享意愿存在显著正向影响	0.0273	0.0223	ns	ns	不支持
H16：期望确认程度对感知价值存在显著正向影响	0.4072	0.4247	***	***	均支持
H17：感知价值对持续信息共享意愿存在显著正向影响	0.5715	0.4217	***	***	均支持
H18：感知风险对持续信息共享意愿存在显著负向影响	−0.0558	−0.0513	*	ns	不支持
H19：习惯对于用户持续信息共享行为存在显著正向影响	0.3284	0.3202	***	***	均支持
H20：用户持续信息共享意愿对用户持续信息共享行为存在显著正向影响	0.5411	0.5448	***	***	均支持

6.6　数据分析结果讨论

6.6.1　假设检验总结

6.6.1.1　基于 EECM-ISC 模型的相关假设

H1：期望确认对感知有用性有显著正向影响

如表 6-22 结构方程的路径分析数据可知，概念模型中期望确认与感知有用性的第一次和第二次测量路径系数分别为 $\beta=0.1830$，$p<0.05$；$\beta=0.1886$，$p<0.05$，在 0.05 上达到显著水平，假设 H1 成立。

H2：期望确认对满意度有显著正向影响

如表 6-22 结构方程的路径分析数据可知，概念模型中期望确认与满意度的第一次和第二次测量路径系数分别为 $\beta=0.4399$，$p<0.01$；$\beta=0.3313$，$p<0.01$，在 0.01 上达到显著水平，假设 H2 成立。

H3：满意度对持续信息共享意愿有显著正向影响

如表 6-22 结构方程的路径分析数据可知，概念模型中满意度与持续信息共享意愿的第一次和第二次测量路径系数分别为 β=0.1324，p<0.01；β=0.1418，p<0.01，在 0.01 上达到显著水平，假设 H3 成立。

H4：感知有用性对持续信息共享意愿有显著正向影响

如表 6-22 结构方程的路径分析数据可知，概念模型中期望确认与满意度的第一次和第二次测量路径系数分别为 β=0.1681，p<0.05；β=0.154，p<0.05，在 0.05 上达到显著水平，假设 H4 成立。

H5：IT 自我效能对持续信息共享意愿有显著正向影响

如表 6-22 结构方程的路径分析数据可知，概念模型中 IT 自我效能与持续信息共享意愿的第一次和第二次测量路径系数分别为 β=0.0733，p<0.01；β=0.058，p<0.05，在 0.05 上达到显著水平，假设 H5 成立。

6.6.1.2　各维度因素与满意度、持续信息共享意愿的研究假设

H6：移动社交媒体特性对满意度有显著正向影响。

如表 6-22 结构方程的路径分析数据可知，概念模型中移动社交媒体特性与满意度的第一次和第二次测量路径系数分别为 β=0.1654，p<0.05；β=0.2249，p<0.01，在 0.01 上达到显著水平，假设 H6 成立。

H7：系统质量对满意度有显著正向影响

如表 6-22 结构方程的路径分析数据可知，概念模型中系统质量与满意度的第一次和第二次测量路径系数分别为 β=0.1598，p<0.01；β=0.1818，p<0.01，在 0.01 上达到显著水平，假设 H7 成立。

H8：信息质量对满意度有显著正向影响

如表 6-22 结构方程的路径分析数据可知，概念模型中信息质量与满意度的第一次和第二次测量路径系数分别为 β=0.1962，p<0.01；β=0.2221，p<0.01，在 0.01 上达到显著水平，假设 H8 成立。

H9：社会支持与链接对感知有用性有显著正向影响

如表 6-22 结构方程的路径分析数据可知，概念模型中社会支持与链接与感知有用性的第一次和第二次测量路径系数分别为 β=0.6799，p<0.01；β=0.6578，p<0.01，在 0.01 上达到显著水平，假设 H9 成立。

H10：主观规范对持续信息共享意愿存在显著正向影响

如表 6-22 结构方程的路径分析数据可知，概念模型中主观规范与持续信息共享意愿的第一次和第二次测量路径系数分别为 β=0.3117，p<0.01；

β=0.3354，p<0.01，在 0.01 上达到显著水平，假设 H10 成立。

H11：主观规范对持续信息共享行为不存在显著正向影响

如表 6-22 结构方程的路径分析数据可知，概念模型中主观规范与持续信息共享行为的第一次和第二次测量路径系数分别为 β=0.0411，p>0.1；β=0.0347，p>0.1，在 0.05 上未能达到显著水平，假设 H11 不成立。

H12：信任对持续信息共享意愿存在显著正向影响

如表 6-22 结构方程的路径分析数据可知，概念模型中信任与持续信息共享意愿的第一次和第二次测量路径系数分别为 β=0.1846，p<0.01；β=0.1266，p<0.01，在 0.01 上达到显著水平，假设 H12 成立。

H13：满意度对信任存在显著正向影响

如表 6-22 结构方程的路径分析数据可知，概念模型中满意度与信任的第一次和第二次测量路径系数分别为 β=0.4479，p<0.01；β=0.4547，p<0.01，在 0.01 上达到显著水平，假设 H13 成立。

H14：感知风险对信任存在显著负向影响

如表 6-22 结构方程的路径分析数据可知，概念模型中感知风险与信任的第一次和第二次测量路径系数分别为 β=-0.1975，p<0.01；β=-0.1714，p<0.01，在 0.01 上达到显著水平，假设 H14 成立。

H15：心流体验对持续信息共享意愿不存在显著正向影响

如表 6-22 结构方程的路径分析数据可知，概念模型中心流体验与持续信息共享意愿的第一次和第二次测量路径系数分别为 β=0.0273，p>0.1；β=0.0223，p>0.1，在 0.05 上未能达到显著水平，假设 H15 不成立。

6.6.1.3　感知价值与期望确认、持续信息共享意愿

H16：期望确认程度对感知价值存在显著正向影响

如表 6-22 结构方程的路径分析数据可知，概念模型中期望确认与感知价值的第一次和第二次测量路径系数分别为 β=0.4072，p<0.01；β=0.4247，p<0.01，在 0.01 上达到显著水平，假设 H16 成立。

H17：感知价值对持续信息共享意愿存在显著正向影响

如表 6-22 结构方程的路径分析数据可知，概念模型中感知价值与持续信息共享意愿的第一次和第二次测量路径系数分别为 β=0.5715，p<0.01；β=0.4217，p<0.01，在 0.01 上达到显著水平，假设 H17 成立。

H18：感知风险对持续信息共享行为不存在显著负向影响

如表 6-22 结构方程的路径分析数据可知，概念模型中感知风险与持

续信息共享行为的第一次和第二次测量路径系数分别为 β=-0.0558，p<0.1；β=-0.0513，p>0.1，在 0.05 上未达到显著水平，假设 H18 不成立。

6.6.1.4　习惯

H19：习惯对于用户持续信息共享行为存在显著正向影响

如表 6-22 结构方程的路径分析数据可知，概念模型中习惯与持续信息共享行为的第一次和第二次测量路径系数分别为 β=0.3284，p<0.01；β=0.3202，p<0.01，在 0.01 上达到显著水平，假设 H19 成立。

6.6.1.5　持续信息共享意愿与持续信息共享行为

H20：用户持续信息共享意愿对用户持续信息共享行为存在显著正向影响

如表 6-22 结构方程的路径分析数据可知，概念模型中持续信息共享意愿与持续信息共享行为的第一次和第二次测量路径系数分别为 β=0.5411，p<0.01；β=0.5448，p<0.01，在 0.01 上达到显著水平，假设 H20 成立。

6.6.2　潜在变量效应关系

在结构方程模型的路径分析中，潜在变量分为外因变量和内因变量。外因变量是指在模型中不受其他变量的影响而直接影响其他变量的变量，内因变量是指在模型中受到任一变量影响的变量，总效应值体现了变量之间的影响力。本研究结构模型总效应值见表 6-26，可以看出，对满意度影响最大的是期望确认，其次是信息质量、移动社交媒体特性、系统质量；对用户持续信息共享意愿影响最大的是感知价值，其次是主观规范、感知有用性、信任；对用户持续信息共享行为影响最大的是用户持续信息共享意愿，其次是习惯。

表 6-26　潜变量之间的总效应

潜在变量		内因变量											
		PU		PV		SA		PT		CI		CB	
		第一次	第二次	第一次	第二次	第一次	第二次	第一次	第二次	第一次	第二次	第一次	第二次
外因变量	SC	0.6799	0.6578	–	–	–	–	–	–	–	–	–	–
	CON	0.1830	0.1886	0.4072	0.4247	0.4399	0.3313	–	–	–	–	–	–
	MSC	–	–	–	–	0.1654	0.2249	–	–	–	–	–	–
	IQ	–	–	–	–	0.1962	0.2221	–	–	–	–	–	–
	SQ	–	–	–	–	0.1598	0.1818	–	–	–	–	–	–

潜在变量		内因变量											
		PU		PV		SA		PT		CI		CB	
		第一次	第二次	第一次	第二次	第一次	第二次	第一次	第二次	第一次	第二次	第一次	第二次
外因变量	PR	–	–	–	–	–	–	−0.1975	−0.1714	–	–	–	–
	FE	–	–	–	–	–	–	–	–	–	–	–	–
	SF	–	–	–	–	–	–	–	–	0.0733	0.0584	–	–
	HA	–	–	–	–	–	–	–	–	–	–	0.3284	0.3202
	SN	–	–	–	–	–	–	–	–	0.3117	0.3354	–	–
内因变量	PU	–	–	–	–	–	–	–	–	0.1681	0.1543	–	–
	PV	–	–	–	–	–	–	–	–	0.5715	0.4217	–	–
	SA	–	–	–	–	–	–	0.4479	0.4547	0.1324	0.1418	–	–
	PT	–	–	–	–	–	–	–	–	0.1846	0.1266	–	–
	CI	–	–	–	–	–	–	–	–	–	–	0.5411	0.5448
	CB	–	–	–	–	–	–	–	–	–	–	–	–

6.6.3　模型的解释力

基于 PLS 的结构方程模型，不需要像 Lisrel 等方法验证拟合指标，不假设数据是否服从正态分布，而是用多元相关平方 R^2 值来反映模型和现实的拟合度，该统计量反映的是结构模型的解释能力，数值越大表示模型的解释能力越好。Chin（1998）认为 $R^2>0.66$，模型拟合效果良好；$0.35 \leqslant R^2 \leqslant 0.66$，结构模型的拟合效果一般；$0.17 \leqslant R^2 < 0.35$，模型拟合效果较弱；$R^2 < 0.17$ 则说明结构模型的关系有待进一步讨论。Joe 等（2011）认为 R^2 视不同应用范围而不同，$R^2>0.4$ 即表明模型预测能力较强。本研究构建的结构方程模型中，持续行为的 R^2 在两次调查问卷分析中，分别为 66.4% 和 67.6%；持续意愿的 R^2，分别为 60.4% 和 58.1%；满意度的 R^2，分别为 59.1% 和 57.5%；感知有用性的 R^2，分别为 49.1% 和 47.8%。根据上述标准，可以判断模型具有一定的解释力，与现实可以拟合，模型可以接受。

6.7　本章小结

本章的目的是对移动社交媒体环境下用户持续信息共享行为模型进行实证研究。首先，确定问卷设计的原则和步骤，对初步生成的调查问卷进行预测试，用收集到的数据进行问卷信度和效度分析，修正后再检验，通过检验后生成正式问卷。其次，进入正式调查，为了体现用户持续信息共享行为的动态性、复杂性采用两次问卷调查方式，对同一批用户进行两次调查问卷获取研究的基础数据，并对获得的基础数据进行描述性统计分析和重复测量资料方差分析。再次，采用 PLS 方法对测量模型检验收敛效度和判别效度，对结构模型进行路径分析，分析结果假设 H11、H15、H18 未得到支持，其余假设均得到支持。最后，对研究假设的验证结果进行解释，对模型的解释力进行探讨，认为模型的解释力在合理范围内，与现实状况拟合，模型可接受。

第7章　研究总结、实践启示与展望

在前一章实证分析的基础上，本章对研究结论做最后的总结。首先，分析移动社交媒体环境下用户持续信息共享行为的关键影响因素存在的原因。其次，在此基础上得出本研究的理论贡献，为今后的相关研究奠定基础和方向。再次，本研究的结论提出了促进用户持续信息共享行为的策略和方法。最后，总结本研究的局限性及对未来研究的展望。

7.1　研究结论与讨论

在构建移动社交媒体环境下用户持续信息共享行为模型时，本研究基于相关理论分别从认知维度、体验维度、技术维度和环境维度进行了实证研究和检验，本节将检验结果分别加以分析和讨论。

7.1.1　体验维度影响因素

满意度对持续信息共享意愿有显著影响，用户满意度越高，持续信息共享行为意愿越强烈。体验和态度是用户心理认知和动机的综合倾向，是用户情感的表达，满意度是 EECM-ISC 模型的核心变量，参与信息共享的过程中用户的预期期望得到满足，获得了预期的收益并认为信息共享是良好的体验，这些都能提高用户满意度，也必将对持续行为意愿的情感倾向产生一定的影响，满意度越高，其持续意愿越强烈。对于移动社交媒体来说，其长久可持续发展不仅要依靠注册新用户，更重要的是要发挥已有用户的持续信息行为，维持和提高用户满意度是移动社交媒体管理和运营的核心，用户的认知和动机产生对持续行为的态度，积极的态度指向用户的持续行为，行为的完成是为了达到用户目标。

移动社交媒体环境下信息共享对用户来说存在诸多风险，主要表现在对信息安全和隐私的顾虑，这会影响用户的信任。由于运营商和用户交互较少，也没有明确的法律法规对运营商的行为进行约束和监管；并且互联网市场瞬息万变，运营商能否稳定经营会影响用户利益。个人隐私顾虑也主要源于数据安全，一旦信息泄露，将给用户带来隐私泄露的风险。鉴于移动社交媒体可能存在的风险，用户在信息共享过程中会进行不同程度的规避，如不将涉及个人隐私和财务资产的信息在移动社交媒体上共享，不将涉及家庭成员的信息在移动社交媒体上共享，等等，因此，感知风险并未影响用户持续信息共享意愿，但是其风险会降低用户对移动社交媒体的信任，从而影响未来用户持续信息共享行为。

习惯对用户持续信息共享行为有显著影响。用户持续信息共享行为的过程也要特别重视用户习惯的作用，让用户产生对参与移动社交媒体环境下信息共享活动的满意感和依赖感，从而自发地无意识地重复以往的行为，这与消费者重复购买行为类似，情感的忠诚演变为行为忠诚，习惯和情感倾向一致，移动社交媒体可以提高对用户信息共享行为的适当引导，促进用户行为习惯的养成，发挥习惯的作用力。

7.1.2　认知维度影响因素

本研究的结果与 Bhattacherjee 的结论相一致。感知价值、感知有用性对用户持续信息共享行为的影响是通过持续意愿间接影响的。移动社交媒体的用户关注服务本身的实际效用，希望能够通过移动社交媒体信息共享来提升工作和生活绩效，即更好地进行社会交往，联系好朋友，拓展和维护社会网络。因此，用户感知到的有用性越高，其持续信息共享意愿越强烈。

自我效能概念由 Bandura 提出，他认为人类的行为会受到许多因素的影响，其中效能概念是导致人类产生行动的主要基础。本研究表明，IT 自我效能对用户持续信息共享意愿有显著影响，比如经验、技能和教育。移动社交媒体作为一种在移动互联背景下产生的一种新兴服务技术，对用户的知识、技能有一定的要求。这种自我感知到的对移动社交媒体环境下用户持续信息共享行为有促进功效的信息技术自我能力，会对用户的持续信息共享行为有正向影响。

7.1.3　技术维度影响因素

信息质量和系统质量是影响移动社交媒体用户满意度的重要因素，也会间接影响用户持续信息共享行为，因此移动社交媒体运营商需要重点关注移动社交媒体的信息质量和系统质量，加强用户体验。例如，移动社交媒体运营商应该持续地开发和推广对用户持续信息共享有积极影响的功能模块，并应该鼓励用户参与应用程序的开发，从而为用户提供更多、更好的应用程序，以此来吸引用户、留住用户，激发用户持续信息共享意愿。此外，运营商还应该尽力优化其客户端和网站，尽量缩短响应时间，使用户可以更加快速流畅地访问移动社交媒体，完成信息共享活动。信息质量也是影响用户满意度的重要因素，移动社交媒体运营商也要予以关注。由于移动社交媒体中的信息主要来自其他移动社交媒体用户，无论是用户的朋友、同事、同学的动态，还是用户感兴趣的行业信息、热点新闻等，用户对信息的即时性都非常关注。因此运营商应该提供信息提醒机制，当用户关注的人将信息发布到移动社交媒体，或者有人对用户的移动社交媒体进行了评论、点赞等和用户相关的信息出现时，运营商应该及时地提示用户有新的信息，把用户关注的内容及时地呈现在用户面前。此外，移动社交媒体环境下用户共享的信息来自不同网络、不同终端、不同平台，运营商还应该对信息的格式有所优化，使得信息能很好地显示在不同移动终端屏幕上。

移动社交媒体特性对满意度的显著影响在本研究中也得到了证实。对于移动服务而言，随时随地使用、快速传播是非常重要的特点和优势，能够给用户带来很大的便利。泛在网络环境下用户获取、搜索、共享信息更加便利，用户信息交流需求大大增加，移动社交网络中用户信息获取、发布、交流、咨询等活动变得丰富而强烈，移动社交媒体的技术优势满足了用户个人信息交流的新需求，成为用户持续使用进行信息共享活动的重要影响因素。因此，与 Hong 和 Tam（2006）对移动信息娱乐服务中移动社交媒体特性的重要作用一致，移动社交媒体特性对移动社交媒体用户持续信息共享的满意度同样有重要作用。是否能够随时随地使用移动社交媒体，对于用户的满意度有显著正向影响，进而对用户持续信息共享意愿产生正向影响。

7.1.4　环境维度影响因素

研究结果显示，主观规范对用户持续信息共享意愿有显著影响。首先，任何个体都不是独立的，会受到来自他人或是某个群体的影响，如家人、亲戚、朋友、同事、社区、项目团队、公司等对一个人的影响都是比较重要和显著的群体，人类又具有从众性，因此，在主观规范的作用下，用户就倾向于持续信息共享。其次，移动互联网络为网民提供了一个新的生活空间，随着移动互联理念在各种应用中的渗透，网络社交变得更加便利，网民可以按照自己的兴趣和爱好加入不同的网络社区，相对过去，网络社交活动变得更频繁和强烈，用户行为更容易受到环境的影响。尽管个体行为具有主观能动性，但是在移动网络环境下各种创新技术层出不穷，个人的判断力已赶不上创新的速度，用户由于不具有专业知识，往往难以理解和判断，按照最小努力原则，用户会选择最省力的途径，简单的方法就是参考他人的评价意见。

研究结果显示，信任对用户持续信息共享意愿有显著影响。信任能够减少社会复杂性、风险性和不确定性。在探讨消费者对移动服务接受度的研究中，结果发现信任会对使用意愿产生显著影响。[1][2][3]移动社交媒体作为一种创新应用，目前大都在免费推广过程中，尽管有许多优点，但因为是基于移动互联网的应用，又是以交流、共享个人信息为主，用户在使用时存在诸多顾虑：个人信息是否会丢失或泄露，服务器面临恶意软件、病毒和黑客的攻击，可能会泄露个人隐私，产生各种不良后果；运营商的管理制度是否严密，会不会出现内部员工恶意窃取或泄密信息；运营商的服务是否稳定，会不会出现停止服务或服务不顺畅的情况；还包括网络传输安全、用户账号安全、终端设备和软件的安全性；等等。正因为用户使用移动社交媒体共享信息时存在诸多安全隐私的顾虑，所以用户会考虑选择自己信任的应用或服务，信任对用户持续信息共享意愿影响显著。

7.2 理论贡献

本研究从理论和实践两个视角出发，构建了移动社交媒体环境下用户持续信息共享行为模型。利用问卷调研的方法回收了用户的持续信息共享行为信息的有效问卷，采用了因子分析、重复资料方差分析以及偏最小二

[1] Pavlou P A. Consumer Acceptance of Electronic Commerce: Integrating Trust and Risk with the Technology Acceptance Model. International Journal of Electronic Commerce, 2003, 7(3):101-134.

[2] Mcknight D H, Cummings L L, Chervany N L. Initial Trust Formation in New Organizational Relationships. Healthcare Financial Management Journal of the Healthcare Financial Management Association, 2011, 65(11):473-490.

[3] Mcknight D H, Choudhury V, Kacmar C. Developing and Validating Trust Measures for e-Commerce: An Integrative Typology. Information Systems Research, 2002, 13(3):334-359.

乘法，采用 SPSS 和 SmartPLS 软件对理论模型进行了验证。主要贡献体现在以下五个方面。

（1）系统地探讨了移动社交媒体环境下用户的持续信息共享行为的机理，丰富了其内涵。移动社交媒体是随着移动通信的快速普及和社交媒体的迅速发展应运而生的。本研究对比移动社交媒体与传统社交媒体之间的区别，明确了移动社交媒体的新特征，从微观层面（个人层面）、中观层面（群体层面）到宏观层面（社会结构和社会性格）逐层深入解读了移动社交媒体环境下用户持续信息共享行为的动机，分析了移动社交媒体环境下用户持续信息共享行为的内涵，在此基础上提出了移动社交媒体环境下用户持续信息共享行为的研究框架。

（2）探索了影响移动社交媒体用户持续信息共享行为的因素，建构了移动社交媒体用户持续信息共享行为模型。现有文献一方面侧重于一般社交媒体的影响因素分析，缺乏针对移动社交媒体用户持续信息共享行为的影响因素研究；另一方面，现有的文献多从单一理论或视角出发进行研究，研究相对片面，不够丰富，构建的研究模型过于简单。本研究从理论和实践两种视角出发，以 EECM-ISC 模型、D&M 模型、使用与满足理论、感知价值理论、社会资本理论、心流体验理论、感知风险理论等理论为基础，从认知维度、体验维度、技术维度和环境维度四个维度，探索了影响共享行为的因素；借助质性分析的方法，采用专家调研方法，探索了实践中影响移动社交媒体用户持续信息共享行为的因素。然后对影响因素之间的关系进行建构，生成移动社交媒体用户持续信息共享行为模型，用以细致全面地研究影响因素对移动社交媒体用户持续信息共享行为的作用路径和机理，并对模型进行了实证检验，丰富了用户持续行为的研究成果，弥补了现有相关研究的不足和片面性。本研究构建的结构方程模型中持续行为的 R^2 在两次调查问卷分析中分别为 66.4% 和 67.6%；持续意愿的 R^2 分别为 60.4% 和 58.1%，具有较高的解释力。

（3）验证了用户持续信息共享意愿可以显著正向影响用户持续信息共享行为的发生。在以往关于用户行为的研究中，多数研究者以意愿代替行为进行研究，但在实际情况中用户意愿并不能完全替代用户行为。本研究经过 PLS 方法分析表明，用户持续信息共享意愿对用户持续信息共享行为在 0.01 上达显著水平，两次问卷调查的路径系数分别为 0.5411 和 0.5448。由此可见，加强对移动社交媒体环境下用户持续信息共享意愿的培养是提升移动社交媒体传播能力和影响力的重要手段。

（4）采用两次问卷调查的方法，动态追踪同一批用户的信息行为，在不同的时间范围内对其进行问卷调查，弥补了现有关于持续信息行为研究中使用静态截面数据的局限，提高了持续信息行为研究结果的可信度。

（5）应用移动社交媒体环境下用户持续信息共享行为模型，提出了针对国内移动社交媒体的实践启示。由于移动社交媒体发展时间较短，关于移动社交媒体领域的研究相对匮乏。本研究通过理论与实践分析确定了影响移动社交媒体环境下用户持续信息共享行为的因素，构建了用户持续信息共享行为模型，提出了具有建设性的实践启示，从而提高用户信息共享的质量和用户体验，有效引导和规范用户信息共享行为，促进用户信息共享的效率和效果；提高用户使用移动社交媒体信息共享黏性，更好地保护用户隐私，推动移动社交媒体健康发展，使移动社交媒体真正为用户带来价值。

7.3　实践启示

本研究根据上一章节对用户持续信息共享行为影响因素实证研究得到的结果，依据相关学者提出的移动社交媒体运营商、管理者和终端用户三个移动社交媒体利益相关者，提出了移动社交媒体产品设计策略、市场管理策略和用户引导策略以促进用户持续信息共享行为，让移动社交媒体真正为用户创造效用。

7.3.1　产品设计策略

1）加强产品趣味性与流畅性，改善用户体验

研究结果显示系统质量和信息质量对用户持续信息共享行为有间接显著影响。提高产品系统质量和信息质量可以通过加强产品趣味性和流畅性两个方面来实现，从而提高用户体验，促进用户持续信息共享行为。趣味性是针对用户的情感需求的设计思维。如果一款移动社交媒体产品只作为工具存在没有兼具使用愉悦感，会导致用户黏性差，用户持续使用意愿降低。趣味性包括美学设计，也就是我们通常所说的界面，图标和按键也要根据产品的定位人群选择合适的色彩搭配和风格。还可以适当地插入音乐辅助用户实现操作，建立产品个性。另外，其他乐趣如 iOS 系统的惯性

滑动效果，可以适时添加到移动社交媒体的信息共享功能中，给用户留下深刻印象，也能提升用户持续信息共享动力。用户在使用移动社交媒体进行信息共享时，有积极体验和消极体验两种感受。

2）提升产品的安全性，注重用户的隐私保护和安全

移动社交媒体以满足用户个人信息交流需求为导向，用户在持续信息共享过程中，隐私保护和信息安全都是用户最为关注的问题之一。营造安全的、值得信赖的移动社交媒体用户信息共享环境，是用户持续信息共享的重要保障。本研究认为可以从安全法规、安全技术和安全管理三个方面着手营造安全的信息共享环境。

安全法规方面，可以推进相关方面的立法工作，为移动社交媒体的发展提供法律保障，让用户放心使用移动社交媒体进行持续信息共享活动。安全技术方面，可以采取相关技术和机制，保障移动社交媒体的软件、硬件和用户数据安全；采取加密传输、安全访问协议等手段保障信息共享过程的安全。安全管理方面，可以建立安全管理制度，明确相关工作人员职责，提高其安全意识。还要加强用户端的安全，将账户和手机终端或电子邮箱进行捆绑，保证账户安全，用户在异地登录给用户以提示。

7.3.2　市场管理策略

1）保障用户的持续共享行为，营造用户之间的信任关系

信任是影响移动社交媒体环境下用户持续信息共享行为的重要因素，因此增加用户的信任度，营造可信的网络氛围，保障用户的持续信息共享是非常重要的。因此可以采取多种形式来增加用户彼此之间的信任。

首先，鼓励用户完善个人信息。通过鼓励用户开放个人信息，可以增加对用户的信任度。

其次，推进移动社交媒体的实名制，提升社交可靠性，促进持续信息的共享。如果不考虑个人隐私和安全因素，通过实名制是有利于促进移动社交媒体用户持续信息共享行为的。

最后，营造可信任的信息共享环境，保证用户持续信息共享行为。为用户提供正当合法和可信任的信息内容，可以保证用户的利益不受侵害。网络上的谣言、虚假和诈骗信息会损害用户的信任，因此，需要采用关键词屏蔽和网络监督的手段，打造可信任的共享环境，使用户持续信息共享的行为得到保障。

2）快速整合信息内容，提高用户信息共享的感知价值

信息共享对维系用户朋友圈非常重要，社交媒体上的信息可以深化移动社交功能。目前重要的模式是"平台+内容+应用+终端"。为了加速推进信息内容战略，移动社交媒体运营商可以从以下两个方面入手。

第一，扩充平台信息内容的来源，鼓励原创性信息内容的共享。在移动互联时代，每个用户都是媒体信息的编辑者和传播者，在平台上利用用户的能动性，扩充信息内容的来源。

第二，推进平台化的战略，促进持续信息的共享。新浪微博平台在社交媒体方面占据了主导的位置，鼓励各种组织机构在它的平台上发布信息，整合各种媒体资源，维系用户在其平台上发布信息。

3）构建升级的制度，鼓励用户持续信息共享

本研究发现感知价值是用户持续信息共享行为的重要影响因素，完善用户升级制度，可以提升用户对共享信息的感知价值，促进信息共享有重要意义。构建用户升级制度，促进用户持续信息共享可以从以下四个方面入手。

第一，按照共享信息的数量构建用户升级体系，提高用户共享的意愿，加强用户信息共享行为。

第二，鼓励用户评论和转载朋友圈的信息，提升用户满足感。可以鼓励用户在朋友圈进行信息共享，提高用户的认可度。

第三，推荐用户的信息给相关行业人士，提升用户的社会影响力和声誉，也可以促使用户更加活跃。

第四，改善用户升级的透明化，增加用户对网络平台的满意度。可以通过对用户排名的升降级，增强用户持续共享信息行为。

4）在共享信息中关注用户的情感价值

用户可以主动推送自我情感表达的信息，关注他的社会关系网中的成员，采用鼓励转发的方式，增加用户在社区中共享信息的意愿。此外，还可以通过鼓励用户进行原创信息如日志和记录功能的使用，提升用户使用的使用频率，最终形成用户对产品的依赖，促进用户持续信息共享。

7.3.3　用户引导策略

1）鼓励用户互联，促进持续信息共享行为

本研究发现，社会支持与链接对感知有用性有重要影响，进而影响用

户持续信息共享行为。

第一，可以采用主动推送用户的方式，增加用户联系人的数量。在即时聊天工具和移动社交网站中，都可以把可能认识的人推送给用户，从而增强用户之间的联通性。这个功能已经成为社交网站的重要功能，即时聊天工具可以借鉴使用。

第二，降低用户互相联通的难度。目前在腾讯和新浪微博中，无须通过认证就可以看到用户的信息和动态，进而提升移动媒体的社交功能。降低用户的互联难度，有利于促进用户持续信息共享行为。

2）重视培养用户习惯，提高持续信息共享黏性

本研究结果显示习惯对于用户持续信息共享行为有显著正向影响，因此还需要注意培养移动社交媒体用户信息共享习惯。用户过去重复的信息共享行为对其未来信息共享行为有直接影响，习惯是一种不需要意识的行为，人类进行习惯行为时，大脑是基本不思考的，可以对行为快速调用，这样对用户来说最为自然。让用户形成使用移动社交媒体的习惯，可以从用户心理暗示和体验刺激两个方面入手。首先，让用户意识到使用移动社交媒体是解决用户信息交流问题的最好方式。如随时随地可以实现信息交流，跨平台、跨网络、跨终端实现信息交流。总之，让用户认为在条件满足的情况下，移动社交媒体非常方便和有用，自然就会多次选择移动社交媒体共享信息，久而久之形成习惯。

其次，让用户的使用体验去刺激习惯，当用户使用一次移动社交媒体之后，给用户留下良好的使用体验，当下次想要共享信息时还会使用，甚至有时候不得不使用。培养用户的使用习惯，根据用户上线的次数、停留时间长短、互动的次数、用户发布信息的数量，给予用户不同级别的奖励，培养用户信息共享行为的习惯；当用户养成了采用移动社交媒体与他人沟通的习惯，自然提高了信息共享行为。

3）提高用户个人信息安全意识

中国互联网信息中心（CNNIC）统计数据显示，截止到 2015 年 12 月，中国的手机网民增长到了 6.2 亿，已经占到整体网民的 90.1%，95.9%的手机网民在 2015 年遭遇过手机安全事件。[1]移动互联网融合了移动通信随时

---

[1] 中国互联网信息中心. 2015 中国网民信息安全状况研究报告. http://www.cnnic.cn/hlwfzyj/hlwxzbg/ydhlwbg/201610/P020161012494271880676.pdf.

随地通信的优势以及互联网开放性和丰富业务能力的特点。但移动互联网在发展过程中，也逐渐削弱传统通信网络安全性较为容易管理的特点，互联网为人们的工作和生活带来了很多便利，同时也产生多种针对个人信息的威胁和挑战。手机垃圾短信、诈骗、伪基站、个人信息泄露、账号或密码被盗等问题给移动用户造成了极大的危害，浪费了用户的时间，影响了学习和工作，造成重要信息的丢失，从而使用户产生了对网络应用的不信任。移动社交媒体环境下用户持续信息共享行为存在风险，这可能是运营商导致的，也可能是用户个人原因导致的。运营商端可能存在的问题有：运营商设备遭到破坏，用户信息可能丢失；或者运营商停止服务造成用户损失；运营商内部管理不善造成用户信息泄露。用户端可能存在的问题有：个人账号泄露或有管理权限的设备丢失，造成数据泄露。无论是哪一方导致的，都需要提高用户个人信息安全防范意识，如加强密码保护，设置复杂的密码并进行安全保护，必要时进行二次确权；提醒用户选择安全的环境，不要安装不明来历的软件以及插件等；明确与运营商之间的管理协议，一旦发生问题，能够保护个人利益；对用户进行信息安全教育和引导，对于用户敏感数据在共享和传输时，使用第三方加密工具，对数据进行加密保护；对于用户操作移动社交媒体的行为进行记录，必要时予以告知，提醒用户账户和信息安全。

7.4 研究局限性及展望

在理论推导与实证研究方面，本研究力求符合科学的原则，但是多方面原因导致研究仍然存在一些局限性，所以认真总结将会为以后的研究者提供借鉴。

1）研究模型方面

首先，本研究在研究影响因素时采用了实证研究的方法。在实证研究过程中提取了一些关键因素，构建了概念模型，并且进行了假设检验。但是，由于理论框架涉及的变量众多，影响用户共享行为的因素是复杂并且动态变化的，可能忽略了一些影响用户持续信息共享行为的因素。今后将对用户的调查研究进行长期追踪，从不同时期、不同阶段分析用户持续行为的变化，挖掘用户持续行为影响因素及变化规律。

其次，模型中没有考虑人口统计学的特征，如用户的性别、年龄以及教育程度等人口统计学的特征，这些可以调节用户的持续信息行为。本研究由于时间、精力和财力的局限性，没有考虑这些人口统计学的特征。今后的研究中可以引入对这些特征的分析，揭示它们在用户共享行为中的作用。

　　2）研究样本方面

　　本研究在实证阶段将结构方程模型作为统计分析方法。需要的方程参数较多，如果样本的数量增大，将会有效地提升参数的准确性。虽然本研究使用的样本数量较大，但同样由于时间、财力、人力等因素的制约，获得的样本范围还不够广泛，主要以河北地区为主，研究结论可能存在一定的地域性限制。因此，在未来的后续研究中，将会考虑不同经济发展水平、不同文化背景的因素，通过模型的对比分析，更清楚地把握用户持续信息共享行为，不断改进和完善研究过程。

　　3）研究视角方面

　　影响用户持续信息共享行为的因素，可以从很多角度进行探讨，本研究选取了信息技术视角下的用户持续信息共享行为，通过访谈调研，确定关键影响因素，还有很多因素未纳入用户持续信息共享行为的研究中，如移动社交媒体的经济属性，在以后的研究中还可以从其他角度开展研究。

　　4）研究内容方面

　　本研究的重点旨在探索影响移动社交媒体用户持续信息共享行为具有共性的重要因素，由于样本的数量以及不同的侧重点，因此没有对移动社交媒体进行归类，讨论不同环境下影响因素的差异性。但用户利用移动社交媒体结交和维持不同的社会关系，本身具有的信任度会有一些差别。同时，不同社交媒体的应用功能，可能导致不同的信息共享影响因素。今后将研究不同的变量在不同类型的媒体中的影响因素，对细致分析不同移动社交媒体的成功模式，并提出改进意见具有一定的实践意义。

参考文献

[1] 白长虹，廖伟. 基于顾客感知价值的顾客满意研究[J]. 南开学报（哲学社会科学版），2001（6）：14-20.

[2] 曾德高，郑小玲. 移动即时通讯业务持续使用意向研究[J]. 现代商贸工业，2012，24（11）：160-163.

[3] 陈昺麟. 社会科学质化研究之扎根理论实施程序及实例之介绍[J]. 勤益学报，2001（19）：327-342.

[4] 陈明红，孙顺，漆贤军. 移动社交媒体位置信息分享持续意愿研究——隐私保护视角[J]. 图书馆论坛，2017，37（04）：58-67.

[5] 陈明红. 学术虚拟社区用户持续知识共享的意愿研究[J]. 情报资料工作，2015（1）：41-47.

[6] 陈向明. 社会科学中的定性研究方法[J]. 中国社会科学，1996（6）：93-102.

[7] 陈晓萍，徐淑英，樊景立. 组织与管理研究的实证方法[M]. 北京：北京大学出版社，2008.

[8] 陈瑶，邵培基. 社交网站持续使用的实证研究——基于改进的期望确认模型[J]. 信息系统学报，2011（1）：23-34.

[9] 陈瑶，邵培基. 信息系统持续使用的实证研究综述[J]. 管理学家（学术版），2010（4）：59-69.

[10] 陈向明. 质的研究方法与社会科学研究[M]. 北京：教育科学出版社，2000.

[11] 邓津，林肯. 定性研究：经验资料收集与分析的方法[M]. 风笑天，等译. 重庆：重庆大学出版社，2007.

[12] 邓李君，杨文建. 基于扩展持续使用模型的移动图书馆持续性使用影响因素分析[J]. 图书馆理论与实践，2014（3）：90-93.

[13] 董大海，权小妍，曲晓飞. 顾客价值及其构成[J]. 大连理工大学学报

（社会科学版），1999（4）：18-20.

[14] 董婷. 移动支付用户持续使用意愿研究[D]. 南京：南京大学，2013.

[15] 范秀成，罗海成. 基于顾客感知价值的服务企业竞争力探析[J]. 南开管理评论，2003（6）：41-45.

[16] 冯锐，李亚娇. 社交网站中知识扩散机制及影响因素研究[J]. 远程教育杂志，2014，32（3）：41-48.

[17] 高金燕. 评价型非交易虚拟社区持续知识贡献意愿研究[D]. 济南：山东大学，2013.

[18] 顾明毅. 中国网民社交媒体传播需求研究[M]. 广州：世界图书出版公司广东有限公司，2014：52.

[19] 顾睿，胡立斌，王刊良. 社交网站价值感知和社会影响对用户忠诚影响的实证研究[J]. 信息资源管理学报，2013，3（1）：10-21.

[20] 顾睿，王子江，胡立斌，等. 社交网站用户的感知价值对于其忠诚度的影响研究[C] // 陈国青，霍佳震. 中国信息系统研究：新兴技术背景下的机遇与挑战. 上海：同济大学出版社，2011：302-308.

[21] 郭琨，周静，王一棉，等. 个人特征、社交网络信息分享态度和分享行为——一项基于人人网的研究[J]. 现代情报，2014，34（1）：159-166.

[22] 胡昌平，柯平，王翠平. 信息服务与用户研究[M]. 北京：科学技术文献出版社，2005：27.

[23] 胡昌平. 论网络化环境下的用户信息需求[J]. 情报科学，1998（1）：16-23.

[24] 黄勇，黄敏学. 略论虚拟体验[J]. 商业时代，2003（20）：50-51.

[25] 江源. 虚拟社区用户持续使用意愿影响因素研究——期望确认理论和服务质量视角[D]. 南昌：江西师范大学，2014.

[26] 姜锦虎，胡立斌，曹欢欢，等. 从众行为和习惯对社交网站用户持续使用意向的影响[C]//陈国青，霍佳震. 中国信息系统研究：新兴技术背景下的机遇与挑战. 上海：同济大学出版社2011：283-288.

[27] 金晓玲，房园，周中允. 探究微博用户原创信息分享行为——基于冲动行为视角[J]. 情报学报，2016，35（7）：739-748.

[28] 赖慧敏，林建宏，刘宗旻. The Influence of Individual and Group Motivation on Individual's Knowledge Contribution Intention[J]. 朝阳科技大学管理学院，2010，9（1）：1-2.

[29] 李东进，杨凯，周荣海. 消费者重复购买意向及其影响因素的实证研究[J]. 管理学报，2007（5）：654-659.

[30] 李怀祖. 管理研究方法论[M]. 2 版. 西安：西安交通大学出版社，2004.

[31] 李惠斌，姚军，李毅. 模型方法在社会科学研究中的应用[J]. 北京市经济管理干部学院学报，1999（4）：30-33.

[32] 李力，丁宁. 国内外移动社交类应用用户信息行为研究进展[J]. 图书情报工作，2015，59（10）：137-144.

[33] 李曼静. 学术虚拟社区用户持续使用意愿研究[D]. 武汉：华中师范大学，2015.

[34] 李倩，侯碧梅. 基于 DM 和 ECM-IT 的移动社交网络用户持续使用意图研究[J]. 信息系统学报，2013（1）：50-59.

[35] 李然. 持续使用移动购物意愿的影响因素研究[D]. 成都：电子科技大学，2014.

[36] 李武,赵星. 大学生社会化阅读 APP 持续使用意愿及发生机理研究[J]. 中国图书馆学报，2016，42（1）：52-65.

[37] 李晓娥. SNS 社交网站信息分享行为的影响因素[J]. 媒体时代，2011（4）：18-21.

[38] 李中. 用户参与虚拟社区影响因素的国外相关研究[J]. 科技信息，2011（9）：462+470.

[39] 刘高勇，邓胜利，唐莉斯. 基于需求感知的 SNS 用户忠诚研究[J]. 图书情报工作，2012，56（20）：92-96.

[40] 刘虹，裴雷，孙建军. 基于期望确认模型的视频网站用户持续使用的实证分析[J]. 图书情报知识，2014（3）：94-103.

[41] 刘莉. 社交网站用户持续使用行为研究——基于信息获取和人际交互的视角[J]. 情报理论与实践，2012，35（11）：17-22.

[42] 刘鲁川，孙凯. 云计算服务用户持续使用的理论模型[J]. 数学的实践与认识，2012，42（17）：129-139.

[43] 刘鲁川，张新芳，孙凯，等. 微博活跃用户持续使用行为的实证研究
[C]// 2012 中国信息经济学年会会议论文集. 2012.

[44] 刘人境，柴婧. SNS 社交网络个人用户持续使用行为的影响因素研究
[J]. 软科学，2013，27（4）：132-135+140.

[45] 陆奇. 移动社交网络对青年受众态度和行为的影响研究[D]. 成都：电
子科技大学，2011.

[46] 孟小峰，李勇，祝建华. 社会计算：大数据时代的机遇与挑战[J]. 计算
机研究与发展，2013，50（12）：2483-2491.

[47] 牛才华. 网络环境下消费者心流体验对网站偏好的影响研究[D]. 成
都：西南交通大学，2009.

[48] 潘军宝. 基于消费价值理论的移动微博持续使用意愿实证研究[D].
北京：北京邮电大学，2012.

[49] 彭希羡，冯祝斌，孙霄凌，等. 微博用户持续使用意向的理论模型及
实证研究[J]. 现代图书情报技术，2012（11）：78-85.

[50] 乔歆新，朱吉虹，沈勇. 手机移动社交网络的用户研究[J]. 电信科学，
2010，26（10）：109-114.

[51] 荣泰生.AMOS 与研究方法[M]. 重庆：重庆大学出版社，2009.

[52] 苏帆帆. 移动阅读业务持续使用行为影响因素研究 [D]. 北京：邮电
大学，2011.

[53] 唐晶晶. 移动社交网络中社会资本，知识共享，个体创新行为的关系
研究[D]. 北京：北京邮电大学，2015.

[54] 唐莉斯，邓胜利. SNS 用户忠诚行为影响因素的实证研究[J]. 图书情
报知识，2012（1）：102-108.

[55] 王洪伟，陈媛. 社交网站用户持续使用意向实证研究[C]//马卫民，高
岳林，彭锦，等. 第十届中国不确定系统年会、第十四届中国青年信
息与管理学者大会论文集. 香港：Global-Link Publisher，2012：334-
344.

[56] 王滢，邓春平，郭馨梅，等. 移动社交媒体对虚拟团队知识共享的作
用研究[J]. 情报理论与实践，2015，38（11）：59-63.

[57] 魏笑笑. 基于移动社交网络的区域信息服务平台研究[J]. 科技管理研

究，2014，34（16）：185-188+194.

[58] 温亮明，余波，张妍妍，等. 社交媒体用户信息共享影响因素模型构建[J]. 情报科学，2017，35（4）：15-21.

[59] 吴明隆. 结构方程模型：Amos 实务进阶[M]. 重庆：重庆大学出版社，2014：17-18

[60] 肖怀云. MC 消费者持续使用行为演化分析[J]. 西安电子科技大学学报（社会科学版），2011，21（6）：49-54.

[61] 熊淦，夏火松. 组织承诺对微博社区成员知识共享行为的影响研究[J]. 情报杂志，2014，33（1）：128-134.

[62] 徐海波. 网络社区中信息分享行为研究[J]. 当代职业教育，2012（10）：59-62.

[63] 徐美凤，叶继元. 学术虚拟社区知识共享研究综述[J]. 图书情报工作，2011，55（13）：67-71+125.

[64] 许笑. 基于用户体验的移动社交 APP 持续使用意愿研究——以微信为例[D]. 济南：山东大学，2015.

[65] 杨根福. 移动阅读用户满意度与持续使用意愿影响因素研究——以内容聚合类 APP 为例[J]. 现代情报，2015，35（3）：57-63.

[66] 杨海娟. 微信环境下用户适应性信息分享行为影响因素研究——基于规范性压力和社交价值的"推-拉"视角[J]. 情报科学，2017，35（6）：134-140.

[67] 杨杨. 移动社区业务用户持续使用意向研究[D]. 北京：北京邮电大学，2010.

[68] 杨玉琼. 中外社交网站受众行为模式对比[J]. 科技传播，2011（21）：20+13.

[69] 殷国鹏，杨波. SNS 用户持续行为的理论模型及实证研究[J]. 信息系统学报，2010，4（1）：53-64.

[70] 余民宁. 教育测验与评量：成就测验与教学评量（第三版）[M]. 台北：心理出版社股份有限公司，2011.

[71] 张冰. 分类信息网站用户持续使用意愿影响因素研究[D]. 哈尔滨：哈尔滨工业大学，2015.

[72] 张希凤. 消费者持续使用电子商务网站意愿的模型构建及实证研究[D]. 杭州：浙江工商大学，2013.

[73] 张玉红. 基于社会资本理论的虚拟社区感对用户忠诚度的影响研究[D]. 北京：北京邮电大学，2015.

[74] 赵大丽，孙道银，张铁山. 社会资本对微信朋友圈用户知识共享意愿的影响研究[J]. 情报理论与实践，2016，39（3）：102-107.

[75] 赵鹏，张晋朝. 在线存储服务持续使用意愿研究——基于用户满意度和感知风险视角[J]. 信息资源管理学报，2015，5（2）：70-78.

[76] 赵延东. "社会资本"理论述评[J]. 国外社会科学，1998（3）：18-21.

[77] 赵杨，高婷. 移动图书馆APP用户持续使用影响因素实证研究[J]. 情报科学，2015，33（6）：95-100+125.

[78] 赵宇翔，朱庆华. Web 2.0环境下影响用户生成内容的主要动因研究[J]. 中国图书馆学报，2009，35（5）：107-116.

[79] 赵越岷，李梦俊，陈华平. 虚拟社区中消费者信息共享行为影响因素的实证研究[J]. 管理学报，2010，7（10）：1490-1494+1501.

[80] 仲秋雁，王彦杰，裘江南. 众包社区用户持续参与行为实证研究[J]. 大连理工大学学报（社会科学版），2011，32（1）：1-6.

[81] 周涛，鲁耀斌. 基于社会资本理论的移动社区用户参与行为研究[J]. 管理科学，2008（3）：43-50.

[82] 周艳丽. 旅游目的地品牌形成机理研究[D]. 秦皇岛：燕山大学，2013.

[83] 朱国明. 网络社群社会资本与成员间助人行为之相关研究[J]. 信息管理学报，2007，14（2）：169-202.

[84] 朱婕. 网络环境下个体信息获取行为研究[D]. 长春：吉林大学，2007.

[85] 朱学红. 移动互联网用户消费行为意向研究[D]. 南京：南京邮电大学，2011.

[86] Aaker F, Kinnear T, Bernhardt K. Variation in the value orientation[M]. New York: Dum Donnelly, 1999: 134-145.

[87] Ajjan H, Hartshorne R, Cao Y, et al. Continuance use intention of enterprise instant messaging: a knowledge management perspective[J]. Behaviour & Information Technology, 2014, 33(7): 678-692.

[88] Ajzen I, Fishbein M. Understanding attitudes and predicting social behavior[M]. Prentice-hall, 1980.

[89] Ajzen I, Madden T J. Prediction of goal-directed behavior: Attitudes, intentions, and perceived behavioral control[J]. Journal of Experimental Social Psychology, 1986, 22(5): 453-474.

[90] Ajzen I. Attitude structure and behavior[M] // Attitude structure and function. 1989: 241-274.

[91] Ajzen I. From intentions to actions: a theory of planned behavior[M]// action control. Springer Berlin Heidelberg, 1985: 11-39.

[92] Al-Debei M M, Al-Lozi E, Papazafeiropoulou A. Why people keep coming back to Facebook: Explaining and predicting continuance participation from an extended theory of planned behaviour pers-pective[J]. Decision Support Systems, 2013, 55(1): 43-54.

[93] Alves H, Raposo M. Conceptual model of student satisfaction in higher education[J]. Total Quality Management, 2007, 18(5): 571-588.

[94] Anderson J C, Jain D C, Chintagunta P K. Customer value assessment in business markets: A state-of-practice study[J]. Journal of Business-to-Business Marketing, 1992, 1(1): 3-29.

[95] Anderson C. The Long Tail: Why the future of business is selling less of more, New York: Hyperion, 2006.

[96] Bandura A A. The social foundations of thought and action: A social cognitive theory[J]. Pearson Schweiz Ag, 1986, 617(1): 169-171.

[97] Bandura A, Locke E A. Negative self-efficacy and goal effects revisited[J]. Journal of Applied Psychology, 2003, 88(1): 87.

[98] Bandura A. Self-efficacy: toward a unifying theory of behavioral change[J]. Advances in Behaviour Research & Therapy, 1977, 1(4): 139-161.

[99] Bandura, Albert. Social foundations of thoughts and actions: A social cognitive theory[J]. Journal of Applied Psychology, 1986, 12(1): 169.

[100] Barnes S J. Understanding use continuance in virtual worlds: Empirical

test of a research model[J]. Information & Management, 2011, 48(8): 313-319.

[101] Bauer R A. Consumer behavior as risk taking[J]. 1960.

[102] Beccerra M, Gupta A. Trust within the organization: integrating the trust literature with agency trust within the organization: integrating the trust literature with agency theory and transaction costs economics[J]. 1999.

[103] Beck L, Ajzen I. Predicting dishonest actions using the theory of planned behavior[J]. Journal of Research in Personality, 1991, 25(3): 285-301.

[104] Bente G, Rüggenberg S, Krämer N C. Social presence and interpersonal trust in avatar-based, collaborative net-communications[C] //7th Annual International Workshop on Presence, 2004: 54-61.

[105] Bhattacherjee A, Perols J, Sanford C. Information technology continuance: A theoretic extension and empirical test[J]. Data Processor for Better Business Education, 2008, 49(1): 17-26.

[106] Bhattacherjee A. Acceptance of e-commerce services: the case of electronic brokerages[J]. IEEE Transactions on systems, man, and cybernetics-Part A: Systems and humans, 2000, 30(4): 411-420.

[107] Bhattacherjee A. An empirical analysis of the antecedents of electronic commerce service continuance[J]. Decision Support Systems, 2001a, 32(2): 201-214.

[108] Bhattacherjee A. Understanding information systems continuance: an expectation-confirmation model[J]. Mis Quarterly, 2001b, 25(3): 351-370.

[109] Boakye K G. Factors influencing mobile data service (MDS) continuance intention: An empirical study[J]. Computers in Human Behavior, 2015, 50: 125-131.

[110] Bollen K A, Long J S. Testing structural equation models[J]. Bms Bulletin of Sociological Methodology, 1993, 69(39): 66-67.

[111] Bollen K A, Stine R A. Bootstrapping goodness-of-fit measures in structural equation models[J]. Sociological Methods & Research, 1992,

21(2): 205-229.

[112] Bourdieu P. The forms of capital[J]. Handbook of Theory & Research of for the Sociology of Education, 1986: 280-291.

[113] Boyer K K, Hallowell R, Roth A V. E-services: operating strategy—a case study and a method for analyzing operational benefits[J]. Journal of Operations Management, 2002, 20(2): 175-188.

[114] Burt R S. The contingent value of social capital[J]. Administrative Science Quarterly, 1997, 42(2): 339-365.

[115] C Nadine Wathen, Jacquelyn Burkell. Believe it or not: Factors influencing credibility on the web[J]. Journal of the Association for Information Science and Technology, 2002, 53(2): 134-144.

[116] Cao H, Jiang J, Oh L, et al. A Maslow's hierarchy of needs analysis of social networking services continuance[J]. Journal of Service Management, 2013, 24(2): 170-190.

[117] Casalo L V, Flavián C, Guinalíu M. The influence of satisfaction, perceived reputation and trust on a consumer's commitment to a website[J]. Journal of Marketing Communications, 2007, 13(1): 1-17.

[118] Cases, Anne-Sophie. Perceived risk and risk-reduction strategies in Internet shopping[J]. The International Review of Retail Distribution and Consumer Research, Distribution and Consumer Research, 2002(4): 375-394.

[119] Cha M, Kwak H, Rodriguez P, et al. I tube, you tube, everybody tubes: analyzing the world's largest user generated content video system[C]// Proceedings of the 7th ACM SIGCOMM conference on Internet measurement. ACM, 2007: 1-14.

[120] Chai S, Kim M. What makes bloggers share knowledge? An investigation on the role of trust[J]. International Journal of Information Management, 2010, 30(5): 408-415.

[121] Chang C C, Hung S W, Cheng M J, et al. Exploring the intention to continue using social networking sites: The case of Facebook[J].

Technological Forecasting & Social Change, 2015, 95: 48-56.

[122] Chang C, Srirama S N, Ling S. Mobile social network in proximity: taxonomy, approaches and open challenges[J]. International Journal of Pervasive Computing & Communications, 2015, 11(1).

[123] Chang Y P, Zhu D H. The role of perceived social capital and flow experience in building users' continuance intention to social networking sites in China[J]. Computers in Human Behavior, 2012, 28(3): 995-1001.

[124] Chatelin Y M, Tenenhaus M, Lauro C, et al. PLS path modeling[J]. Computational Statistics & Data Analysis the Official Journal of the International Association for Statistical Computing, 2005, 48(1): 159-205.

[125] Chiang H S. Continuous usage of social networking sites: The effect of innovation and gratification attributes[J]. Online Information Review, 2013, 37(6): 851-871.

[126] Chin W W. The partial least squares approach for structural equation modeling.[J]. 1998, 295: 295-336.

[127] Chiu C M, Cheng H L, Huang H Y, et al. Exploring individuals' subjective well-being and loyalty towards social network sites from the perspective of network externalities: The Facebook case[J]. International Journal of Information Management, 2013, 33(3): 539-552.

[128] Chiu C M, Wang E T G. Understanding Web-based learning continuance intention: The role of subjective task value[J]. Information & Management, 2008, 45(3): 194-201.

[129] Choi, Euri. An Incremental statistical method for daily activity pattern extraction and user intention inference[J]. TIIS, 2009, 3(3): 219-234.

[130] Chua A Y K, Goh D H, Ang R P. Web 2.0 applications in government web sites: Prevalence, use and correlations with perceived web site quality[J]. Online Information Review, 2012.

[131] Chudnov D. Libraries in computers-social software: You are an access point[J]. Computers in Libraries, 2007, 27(8): 41-43.

[132] Chung N, Nam K, Koo C. Examining information sharing in social networking communities: Applying theories of social capital and attachment[J]. Telematics & Informatics，2016，33(1): 77-91.

[133] Clarke S G, Haworth J T. Flow experience in the daily lives of sixth-form college students[J]. British Journal of Psychology, 1994, 85(4): 511–523.

[134] Cobb S C. Social presence and online learning: A current view from a research perspective.[J]. Journal of Interactive Online Learning, 2009, 8(3): 241-254.

[135] Cohen S, Hoberman H M. Positive events and social supports as buffers of life change stress1[J]. Journal of Applied Social Psychology, 1983, 13(2): 99-125.

[136] Coleman J S. Social capital in the creation of human capital[J]. American Journal of Sociology, 1988, 94(94): 95-120.

[137] Compeau D R, Higgins C A. Computer self-efficacy: development of a measure and initial test[J]. Mis Quarterly, 1995, 19(2): 189-211.

[138] Compeau D, Higgins C A, Huff S. Social cognitive theory and individual reactions to computing technology: a longitudinal study[J]. Mis Quarterly, 1999, 23(2): 145-158.

[139] Constant D, Kiesler S, Sproull L. What's mine is ours, or is it? A study of attitudes about information sharing[J]. Information Systems Research, 1994, 5(4): 400-421.

[140] Counts S, Fisher K E. Mobile social networking as information ground: A case study[J]. Library & Information Science Research, 2010, 32(2): 98-115.

[141] Coursaris C K, Yun Y H, Sung J. Understanding Twitter's adoption and use continuance: The synergy between uses and gratifications and diffusion of innovations[J]. 2010.

[142] Cox D F. Risk taking and information handling in consume behavior[J]. 1967, 6(1).

[143] Csikszentmihalyi M, LeFevre J. Optimal experience in work and

leisure[J]. Journal of Personality and Social Psychology, 1989, 56(5): 815-822.

[144] Cunningham M S. The major dimensions of perceived risk[J]. Risk Taking and Information Handling in Consumer Behavior, 1967.

[145] Currás-Pérez R, Sanz-Blas S, Ruiz-Mafé C, et al. Social network loyalty: evaluating the role of attitude, perceived risk and satisfaction[J]. Online Information Review, 2013, 37(1): 61-82.

[146] D Williams. On and off the 'net: scales for social capital in an online era[J]. Journal of Computer-Mediated Communication, 2006, 11(2): 593–628.

[147] Daft R L, Lengel R H, Trevino L K. Message equivocality, media selection, and manager performance: implications for information systems[J]. Mis Quarterly, 1987, 11(3): 355-366.

[148] Daft R L, Lengel R H, Trevino L K. The relationship among message equivocality, media selection, and manager performance: Implications for information support systems[J]. Mis Quarterly, 1986, 11(3): 56.

[149] Davis F D. Perceived usefulness, perceived ease of use, and user acceptance of information technology[J]. Mis Quarterly, 1989, 13(3): 319-340.

[150] Davis L, Marie B. State clustering in Markov decisions processes with an application in information sharing[D]. North Carolina State University, 2005.

[151] Davis, Fred D. Perceived usefulness, perceived ease of use, and user acceptance of information technology[J]. MIS Quarterly, 1989, 13(3): 319-340.

[152] De Guinea A O, Markus M L. Why break the habit of a lifetime? Rethinking the roles of intention, habit, and emotion in continuing information technology use[J]. Mis Quarterly, 2009: 433-444.

[153] Deci E L, Ryan R M. Intrinsic motivation and self-determination in human behavior[M]. Springer US, 1985.

[154] DeLone W H, McLean E R. Information systems success: The quest for the dependent variable[J]. Information systems research, 1992, 3(1): 60-95.

[155] Deutsch D. Quantum theory, the Church-Turing principle and the universal quantum computer[J]. Proceedings of the Royal Society of London, 1985, 400(1818): 97-117.

[156] Dhar V, Chang E A. Does chatter matter? The impact of user-generated content on music sales[J]. Journal of Interactive Marketing, 2009, 23(4): 300-307.

[157] Digital in 2017 global overview [EB/OL]. [2017-7-15](2021-04-18). https://wearesocial.com/special-reports/digital-in-2017-global-overview.

[158] Dunne Á, Lawlor M A, Rowley J. Young people's use of online social networking sites–a uses and gratifications perspective[J]. Journal of Research in Interactive Marketing, 2010, 4(1): 46-58.

[159] Dye J. Meet generation C: Creatively connecting through content-generation C is the" you" in YouTube, the" my" in MySpace, and the" i" in iPod. They're you (and me), and they're shaking up the way people[J]. EContent-Digital Content Strategies and Resources, 2007, 30(4): 38-43.

[160] Eccles J S. Subjective task value and the Eccles et al. model of achievement-related choices[J]. Handbook of competence and motivation, 2005: 105-121.

[161] Ellis G D, Voelkl J E, Morris C. Measurement and analysis issues with explanation of variance in daily experience using the flow model[J]. Journal of Leisure Research, 1994, 26(4): 337.

[162] Elsner M K, Heil O P, Sinha A R. How social networks influence the popularity of user-generated content[J]. Marketing Science Institute. Special Report, 2010: 10-206.

[163] Erdelez S, Rioux K. Sharing information encountered for others on the Web[J]. The New Review of Information Behaviour Research, 2000, 1(January): 219-233.

[164] F Biocca, C Harms, J Gregg. The networked minds measure of social presence: Pilot test of the factor structure and concurrent validity[J]. Interface & Network Design Lab, 2001.

[165] Fang Y, Neufeld D J. Should I stay or should i go? Worker commitment to virtual organizations[C] // Hawaii international conference on system sciences. IEEE, 2006: 27b-27b.

[166] Featherman M S, Pavlou P A. Predicting e-services adoption: a perceived risk facets perspective[J]. International journal of human-computer studies, 2003, 59(4): 451-474.

[167] Fishbein M, Ajzen I. Belief, attitude, intention and behavior: An introduction to research and theory[J]. Reading, PA: Addison-Wesley, 1975: 30

[168] Flint D J, Woodruff R B, Gardial S F. Exploring the phenomenon of customers' desired value change in a business-to-business context[J]. Journal of Marketing, 2002, 66(4): 102-117.

[169] Fornell C, Larcker D F. Evaluating structural equation models with unobservable variables and measurement error[J]. Journal of Marketing Research, 1981, 18(1): 39-50.

[170] French J R P, Raven B .The bases of social power. In d. Cartwright and a. Zander (eds) group dynamics[J]. 1959.

[171] Fu S L, Huang J, Yan Y, et al. Research on undergraduates' continuous using behaviors of Wechat: data from china [J]. Journal of Chemical and Pharmaceutical Research,2014,6(6): 125-130.

[172] Gao L, Bai X. An empirical study on continuance intention of mobile social networking services[J]. Asia Pacific Journal of Marketing & Logistics, 2014, 26(2): 168-189.

[173] Gaziano Cecilie, McGrath Kristin. Measuring the concept of credibility.[J]. Journalism Quarterly, 1986, 63(3): 451-462.

[174] Gefen D, Straub D. A practical guide to factorial validity using PLS-graph: Tutorial and annotated example[J]. Communications of the

Association for Information Systems, 2005, 16(1): 91-109.

[175] Gefen D. TAM or just plain habit: A look at experienced online shoppers.[J]. Journal of Organizational & End User Computing, 2004, 15(July): 1-13.

[176] Ghani J A, Deshpande S P. Task characteristics and the experience of optimal flow in human—computer interaction[J]. The Journal of psychology, 1994, 128(4): 381-391.

[177] Glesne C, Peshkin A. Being there: Developing understanding through participant observation[J]. Becoming Qualitative Researchers: An Introduction. White Plains, NY: Longman, 1992: 39-61.

[178] Goodwin C. A social-influence theory of consumer cooperation[J]. Advances in Consumer Research, 1987, 14(1): 378-381.

[179] Gorsuch R L. Exploratory factor analysis: Its role in item analysis[J]. Journal of Personality Assessment, 1997, 68(3): 532-560.

[180] Grönroos C. Value-driven relational marketing: from products to resources and competencies[J]. Journal of Marketing Management, 1997, 13(5): 407-419.

[181] Gu R, Oh L B, Wang K. Determinants of customer loyalty for social networking sites[C]// The workshop on E-business. Springer Berlin Heidelberg, 2009: 206-212.

[182] Guinea A O D, Markus M L. Applying evolutionary psychology to the study of post-adoption information technology use: Reinforcement, extension, or revolution?[J]. Evolutionary Psychology & Information Systems Research, 2010, 24: 61-83.

[183] Gulati R, Nickerson J A. Interorganizational trust, governance choice, and exchange performance[J]. Organization Science, 2008, 19(5): 688-708.

[184] Ha I, Yoon Y, Choi M. Determinants of adoption of mobile games under mobile broadband wireless access environment[J]. Information & Management, 2007, 44(3): 276-286.

[185] Hagger M S, Chatzisarantis N L D, Biddle S J H. A meta-analytic review

of the Theories of Reasoned Action and Planned Behavior in physical activity: predictive validity and the contribution of additional variables.[J]. Cheminform, 2002, 43(8): 23.

[186] Hajli N, Shanmugam M, Powell P, et al. A study on the continuance participation in on-line communities with social commerce perspective[J]. Technological Forecasting & Social Change, 2015, 96: 232-241.

[187] Hanson, Haridakis, Cunningham. Political cynicism in the age of Facebook, MySpace, and YouTube[J]. 2010.

[188] Haynes S N, Richard D, Kubany E S. Content validity in psychological assessment: A functional approach to concepts and methods[J]. Psychological Assessment, 1995, 7(3): 238.

[189] Hellier P K, Geursen G M, Carr R A, et al. Customer repurchase intention: A general structural equation model[J]. European Journal of Marketing, 2003, 37(11/12): 1762-1800.

[190] Hendriks P. Why share knowledge? The influence of ICT on the motivation for knowledge sharing[J]. Knowledge & Process Management, 1999, 6(2): 91-100.

[191] Hoffman D L, Novak T P. Marketing in hypermedia computer-mediated environments: conceptual foundations[J]. Journal of Marketing, 1996, 60(3): 50-68.

[192] Holbrook M B. Consumer value: A framework for analysis and research[J]. Advances in Consumer Research, 1996.

[193] Hong S J, Tam K Y. Understanding the adoption of multipurpose information appliances: The case of mobile data services[J]. Information Systems Research, 2006, 17(2): 162-179.

[194] Howard Chen Y H, Corkindale D. Towards an understanding of the behavioral intention to use online news services: An exploratory study[J]. Internet Research, 2008, 18(3): 286-312.

[195] Hsu C L, Lu H P. Why do people play on-line games? An extended TAM

with social influences and flow experience[J]. Information & Management, 2004, 41(7): 853-868.

[196] Hsu C L, Wu C C. Understanding users' continuance of facebook: An integrated model with the unified theory of acceptance and use of technology, expectation disconfirmation model, and flow theory[J]. International Journal of Virtual Communities & Social Networking, 2011, 3(2): 1-16.

[197] Hsu C L, Yu C C, Wu C C. Exploring the continuance intention of social networking websites: an empirical research[J]. Information Systems and e-Business Management, 2014, 12(2): 139-163.

[198] Hsu M H, Chiu C M. Predicting electronic service continuance with a decomposed theory of planned behaviour[J]. Behaviour & Information Technology, 2004, 23(5): 359-373.

[199] Hsu M H, Ju T L, Yen C H, et al. Knowledge sharing behavior in virtual communities: The relationship between trust, self-efficacy, and outcome expectations [J]. International Journal of Human-Computer Studies, 2007, 65(2): 153-169.

[200] Hu B, Jamali M, Ester M. Spatio-temporal topic modeling in mobile social media for location recommendation[C]// IEEE, International Conference on Data Mining. IEEE, 2014: 1073-1078.

[201] Hu T, Kettinger W J. Why people continue to use social networking services: Developing a comprehensive model[C]// International Conference on Information Systems, Icis 2008, Paris, France, December. DBLP, 2008: 89.

[202] Huang, Echo. Use and gratification in e-consumers[J]. Internet Research, 2008, 18(4): 405-426.

[203] Huang L Y, Hsieh Y J, Wu Y C J. Gratifications and social network service usage: The mediating role of online experience[J]. Information & Management, 2014, 51(6): 774-782.

[204] Humphreys L. Mobile social media: Future challenges and

opportunities[J]. Mobile Media & Communication, 2013, 1(1): 20-25.

[205] Ifinedo P. Acceptance and continuance intention of Web-based learning technologies (WLT) use among university students in a baltic country[J]. Ejisdc the Electronic Journal on Information Systems in Developing Countries, 2006, 23(6): 1-20

[206] Inteco. Why do people choose ISPs and why do they drop them[R]. Inteco Corporation Press Report, 1998.9

[207] ITU-T. Overview of ubiquitous networking and of its support in NGN [EB/OL]. [2017-7-15](2021-06-18). http://www.catr.cn/radar/itut/201007/P020100707644692562692.pdf.

[208] J. S. Eccles. Expectancies, values, and academic behaviors[J]. Advances in Motivation & Achievement, 1983, 75-146.

[209] Jacobs J. The death and life of great American cities: the failure of town planning[M]. Penguin Books, 1984.

[210] Jacoby J, Kaplan L B. The components of perceived risk[J]. ACR Special Volumes, 1972.

[211] James L R, Mulaik S A, Brett J M. Causal analysis: Assumptions, models, and data[M]. SAGE Publications, Incorporated, 1982.

[212] Jasperson J S, Carter P E, Zmud R W. A comprehensive conceptualization of post-adoptive behaviors associated with information technology enabled work systems[J]. MIS quarterly, 2005, 29(3): 525-557.

[213] Joe F. Hair, Christian M. Ringle, marko sarstedt. PLS-SEM: Indeed a silver bullet[J]. Journal of Marketing Theory & Practice, 2011, 19(2): 139-152.

[214] Johnson Thomas J, Kaye, Barbara K. Cruising is believing?: Comparing internet and traditional sources on media credibility measures.[J]. Journalism & Mass Communication Quarterly, 1998, 75(2): 325-340.

[215] Kaiser H F. A second-generation little jiffy[J]. Psychometrika, 1970, 35(4), 401-415.

[216] Kang Y S, Min J, Kim J, et al. Roles of alternative and self-oriented

perspectives in the context of the continued use of social network sites[J]. International Journal of Information Management, 2013, 33(3): 496-511.

[217] Karahanna E, Straub D W, Chervany N L. Information technology adoption across time: a cross-sectional comparison of pre-adoption and post-adoption beliefs[J]. MIS Quarterly, 1999: 183-213.

[218] Katz E, Blumler J, Gurevitch M. Utilization of mass communication by the individuals[J]. The uses of mass communications: Current perspectives on gratifications research, 1974.

[219] Katz M L, Shapiro C. Network externality, competition and compatibility[J]. American Economic Review, 1985, 75(3): 424-440.

[220] Kelley S, Mirer T W. The simple act of voting[J]. American Political Science Review, 1974, 68(2): 572-591.

[221] Kelman H C. Studies on attitudes and communication ‖ compliance, identification, and internalization: Three processes of attitude change[J]. Journal of Conflict Resolution, 1958, 2(1): 51-60.

[222] Khaldoon Nusair, Bilgihan A, Okumus F, et al. Generation Y travelers' commitment to online social network websites[J]. Tourism Management, 2013, 35: 13-22.

[223] Kim B. An empirical investigation of mobile data service continuance: Incorporating the theory of planned behavior into the expectation–confirmation model[J]. Expert Systems with Applications, 2010, 37(10): 7033-7039.

[224] Kim D, Subramanian, et al. Bonding versus bridging social capital and their associations with self rated health: a multilevel analysis of 40 US communities.[J]. Journal of Epidemiology & Community Health, 2006.

[225] Kim H W, Chan H C, Gupta S. Value-based adoption of mobile internet: an empirical investigation[J]. Decision Support Systems, 2007, 43(1): 111-126.

[226] Kim S S, Malhotra N K, Narasimhan S. Research note—two competing perspectives on automatic use: A theoretical and empirical comparison[J].

Information Systems Research, 2005, 16(4): 418-432.

[227] Kim S S, Malhotra N K. A longitudinal model of continued IS use: An integrative view of four mechanisms underlying postadoption phenomena[J]. Management Science, 2005, 51(5): 741-755.

[228] Krikelas J. Information-seeking behavior: Patterns and concepts.[J]. Drexel Library Quarterly, 1983, 19(2): 5-20.

[229] Ku Y C, Chen R, Zhang H. Why do users continue using social networking sites? An exploratory study of members in the United States and Taiwan[J]. Information & Management, 2013, 50(7): 571-581.

[230] Lai C Y, Yang H L. The reasons why people continue editing Wikipedia content–task value confirmation perspective[J]. Behaviour & Information Technology, 2014, 33(12): 1371-1382.

[231] Lederer A L, Sethi V. Critical dimensions of strategic information systems planning[J]. Decision Sciences, 1991, 22(1): 104-119.

[232] Lee C S, Ma L. News sharing in social media: The effect of gratifications and prior experience[J]. Computers in Human Behavior, 2012, 28(2): 331-339.

[233] Lee D, Kim B C. Motivations for open source project participation and decisions of software developers[J]. Computational Economics, 2013, 41(1): 31-57.

[234] Lee M C. Explaining and predicting users' continuance intention toward e-learning: An extension of the expectation–confirmation model[J]. Computers & Education, 2010, 54(2): 506-516.

[235] Lee Y E, Saharia A N. The Influence of self-concept improvement on member loyalty to online communities: An empirical comparison between social networks and virtual worlds[C]// Hawaii International Conference on System Science. IEEE, 2012: 3550-3559.

[236] Lewis N. The evolving self: A psychology for the third millennium[J]. Noetic Sciences Review, 1993.

[237] Liao C, Chen J L, Yen D C. Theory of planning behavior (TPB) and

customer satisfaction in the continued use of e-service: An integrated model[J]. Computers in Human Behavior, 2007, 23(6): 2804-2822.

[238] Liaw S S, Huang H M. An investigation of user attitudes toward search engines as an information retrieval tool[J]. Computers in Human Behavior, 2003, 19(6): 751-765.

[239] Lien C H, Cao Y. Examining WeChat users' motivations, trust, attitudes, and positive word-of-mouth: Evidence from China[J]. Computers in Human Behavior, 2014, 41: 104-111.

[240] Limayem M, Cheung C M K, Chan G W W. Explaining information systems adoption and post-adoption: Toward an integrative model[C] // International conference on information systems, Icis 2003, December 14-17, 2003, Seattle, Washington, Usa. 2003: 720-731.

[241] Limayem M, Hirt S G, Cheung C M K. How habit limits the predictive power of intention: The case of information systems continuance[J]. Mis Quarterly, 2007, 31(4): 705-737.

[242] Lin C S, Wu S, Tsai R J. Integrating perceived playfulness into expectation-confirmation model for web portal context[J]. Information & Management, 2005, 42(5): 683-693.

[243] Lin H F. An empirical investigation of mobile banking adoption: The effect of innovation attributes and knowledge-based trust[J]. International Journal of Information Management, 2011, 31(3): 252-260.

[244] Lin H, Fan W, Chau P Y K. Determinants of users' continuance of social networking sites: A self-regulation perspective[J]. Information & Management, 2014, 51(5): 595-603.

[245] Liu C, Marchewka J T, Lu J, et al. Beyond concern—A privacy-trust-behavioral intention model of electronic commerce[J]. Information & Management, 2005, 42(2): 289-304.

[246] Locke E A. The nature and causes of job satisfaction[J]. Handbook of Industrial and Organizational Psychology, 1976.

[247] Loehlin J C. Latent variable models: An introduction to factor, path, and

structural analysis[M]. Lawrence Erlbaum Associates Publishers, 1992.

[248] Lombard M, Ditton T. At the heart of it all: The concept of presence[J]. Journal of Computer-Mediated Communication, 1997, 3(2): JCMC321.

[249] Loury G C. A dynamic theory of racial income differences[J]. Discussion Papers, 1976.

[250] Lu Z, Wen Y, Cao G. Information diffusion in mobile social networks: The speed perspective[C]// IEEE INFOCOM. IEEE, 2014: 1932-1940.

[251] Luo, Xudong, Zhang, et al. A hybrid model for sharing information between fuzzy, uncertain and default reasoning models in multi-agent systems[J]. International Journal of Uncertainty, Fuzziness & Knowledge-Based Systems, 2002.

[252] Luo M M. Continuance intention of blog users: The impact of perceived enjoyment, habit, user involvement and blogging time[J]. Behaviour & Information Technology, 2013, 32(6): 570-583.

[253] Luo X, Li H, Zhang J, et al. Examining multi-dimensional trust and multi-faceted risk in initial acceptance of emerging technologies: An empirical study of mobile banking services[J]. Decision Support Systems, 2010, 49(2): 222-234.

[254] Mathieson K. Predicting user intentions: Comparing the technology acceptance model with the theory of planned behavior[J]. Information Systems Research, 1991, 2(3): 173-191.

[255] Mcknight D H, Choudhury V, Kacmar C. Developing and validating trust measures for e-commerce: An integrative typology[J]. Information Systems Research, 2002, 13(3): 334-359.

[256] Mcknight D H, Cummings L L, Chervany N L. Initial trust formation in new organizational relationships[J]. Healthcare Financial Management Journal of the Healthcare Financial Management Association, 2011, 65(11): 473-490.

[257] Meng H H, Chiu C M. Predicting electronic service continuance with a decomposed theory of planned behaviour[J]. Behaviour & Information

Technology, 2004, 23(5): 359-373.

[258] Michael Boland. Discovering the Right SoLoMo Formula[J]. Search Engine Watch, March 11, 2011.

[259] Monroe K B. Pricing: Making profitable decisions[M]. McGraw-Hill, 1990: 56-57.

[260] Moody G D, Siponen M. Using the theory of interpersonal behavior to explain non-work-related personal use of the Internet at work[J]. Information & Management, 2013, 50(6): 322-335.

[261] Mulac A J, Sherman A R. Behavioral assessment of speech anxiety[J]. Quarterly Journal of Speech, 1974, 60, 134-143.

[262] Nahapiet J, Ghoshal S. Social capital, intellectual capital, and the organizational advantage[J]. Academy of Management Review, 1998, 23(2): 242-266.

[263] Naidoo R, Leonard A. Perceived usefulness, service quality and loyalty incentives: Effects on electronic service continuance[J]. South African Journal of Business Management, 2007, 38(3): 39-48.

[264] Nan Li, Guangling Chen. Mobile & ubiquitous systems networking & service, 2009: 1-10

[265] Nonaka I, Takeuchi. The knowledge-creating company[M]// The knowledge-creating company : . Oxford University Press, 1995: 175–187.

[266] Novak T P, Hoffman D L, Duhachek A. The Influence of goal-directed and experiential activities on online flow experiences[J]. Journal of Consumer Psychology, 2003, 13(1–2): 3-16.

[267] Oliver R L. A Cognitive model of the antecedents and consequences of satisfaction decisions[J]. Journal of Marketing Research, 1980, 17(4): 460-469.

[268] Oliver R L, Linda G. Effect of satisfaction and its antecedents on consumer preference and intention[J]. Advances in Consumer Research, 1981.

[269] Oliver R L. Cognitive, affective, and attribute bases of the satisfaction

response[J]. Journal of Consumer Research, 1993, 20(3): 418-430.

[270] Oliver R L. Satisfaction: A behavioral perspective on the consumer[J]. Asia Pacific Journal of Management, 1997, 2(2): 285-286.

[271] Ouellette J A, Wood W. Habit and intention in everyday life: The multiple processes by which past behavior predicts future behavior[J]. Psychological Bulletin, 1998, 124(124): 54-74.

[272] Pace S. A grounded theory of the flow experiences of Web users[J]. International Journal of Human-Computer Studies, 2004, 60(3): 327-363.

[273] Papacharissi Z, Rubin A M. Predictors of Internet use[J]. Journal of Broadcasting & Electronic Media, 2000, 44(2): 175-196.

[274] Parasuraman A, Grewal D. The impact of technology on the quality-value-loyalty chain: a research agenda[J]. Journal of the Academy of Marketing Science, 2000, 28(1): 168-174.

[275] Park E, Baek S, Ohm J, et al. Determinants of player acceptance of mobile social network games: An application of extended technology acceptance model[J]. Telematics & Informatics, 2014, 31(1): 3-15.

[276] Park J H. The effects of personalization on user continuance in social networking sites[J]. Information Processing & Management, 2014, 50(3): 462-475.

[277] Park N, Kee K F, Valenzuela S. Being immersed in social networking environment: Facebook groups, uses and gratifications, and social outcomes[J]. Cyberpsychology & Behavior the Impact of the Internet Multimedia & Virtual Reality on Behavior & Society, 2009, 12(6): 729.

[278] Patterson P G, Johnson L W, Spreng R A. Modeling the determinants of customer satisfaction for business-to-business professional services[J]. Journal of the Academy of Marketing Science, 1997, 25(1): 4.

[279] Patulny R V, Svendsen G L H .Exploring the social capital grid: bonding, bridging, qualitative, quantitative[J]. International Journal of Sociology and Social Policy, 2007, 27(1/2): 32-51.

[280] Pavlou P A, Liang H, Xue Y. Understanding and mitigating uncertainty in

online exchange relationships: A principal-agent perspective[J]. MIS Quarterly, 2007: 105-136.

[281] Pavlou P A. Consumer acceptance of electronic commerce: Integrating trust and risk with the technology acceptance model[J]. International Journal of Electronic Commerce, 2003, 7(3): 101-134.

[282] Pelling E L, White K M. The theory of planned behavior applied to young people's use of social networking Web sites[J]. Cyberpsychology & Behavior the Impact of the Internet Multimedia & Virtual Reality on Behavior & Society, 2009, 12(6): 755-759

[283] Pereira F A D M, Ramos A S M, Gouvêa M A, et al. Satisfaction and continuous use intention of e-learning service in Brazilian public organizations[J]. Computers in Human Behavior, 2015, 46(51): 139-148.

[284] Peter J P, Tarpey Sr L X. A comparative analysis of three consumer decision strategies[J]. Journal of Consumer Research, 1975, 2(1): 29-37.

[285] Privette G. Peak experience, peak performance, and flow: A comparative analysis of positive human experiences.[J]. Journal of Personality & Social Psychology, 1983, 45(6): 1361-1368.

[286] Putnam R D. Bowling alone: the collapse and revival of American community[C] // ACM Conference on Computer Supported Cooperative Work. ACM, 2000: 357.

[287] Putnam R D. The prosperous community: Social capital and public life[J]. American Prospect, 1993, 13(13): 1-11.

[288] Putnam R D. The strange disappearance of civic America[J]. American Prospect, 1996, 24(24).

[289] Rafaeli S, Ariel Y. Online motivational factors: Incentives for participation and contribution in Wikipedia[J]. Psychological Aspects of Cyberspace: Theory, Research, Applications, 2008: 243-267.

[290] Rakhi T, Mala S. Adoption readiness, personal innovativeness, perceived risk and usage intention across customer groups for mobile payment services in India[J]. Internet Research Electronic Networking

Applications & Policy, 2014, 24(24): 369-392.

[291] Ralph Keng-Jung Yeh, James T.C. Teng. Extended conceptualisation of perceived usefulness: empirical test in the context of information system use continuance[J]. Behaviour & Information Technology, 2012, 31(5): 525-540.

[292] Randall D M, Gibson A M. Methodology in business ethics research: A review and critical assessment[J]. Journal of Business Ethics, 1990, 9(6): 457-471.

[293] Ranganathan C, Ganapathy S. Key dimensions of business-to-consumer web sites[J]. Information & Management, 2002, 39(6): 457-465.

[294] Reber A S. The Penguin dictionary of psychology[M]. Penguin Press, 1995.

[295] Richard L. Oliver. A Cognitive Model of the Antecedents and Consequences of Satisfaction Decisions[J]. Journal of Marketing Research, 1980, 17(4): 460-469.

[296] Ridings C, Gefen D. Virtual community attraction: Why people hang out online[J]. 2004.

[297] Rijsdijk S A, Hultink E J. How today's consumers perceive tomorrow's smart products[J]. Journal of Product Innovation Management, 2009, 26(1): 24-42.

[298] Rioux K S. Information acquiring-and-sharing.Theories of information behavior[J].2005, Information Today, 169-173.

[299] Roca J C, Chiu C M, Martínez F J. Understanding e-learning continuance intention: An extension of the Technology Acceptance Model[J]. International Journal of Human-Computer Studies, 2006, 64(8): 683-696.

[300] Roca J C, Gagné M. Understanding e-learning continuance intention in the workplace: A self-determination theory perspective[J]. Computers in Human Behavior, 2008, 24(4): 1585-1604.

[301] Rosen P A, Kluemper D H. The impact of the big five personality traits on the acceptance of social networking website[J]. Proceedings of Amcis,

2008, 2.

[302] Rotter J. A new scale for the measurement of interpersonal trust.[J]. Journal of Personality, 1967, 35(4): 651.

[303] Rubin A M. Uses, gratifications, and media effects research[J]. Perspectives on Media Effects, 1986: 281-301.

[304] Rubin A M, Bantz C R. Utility of videocassette recorders[J]. American Behavioral Scientist, 1987, 30(5), 471-485.

[305] Rousseau D M, Sitkin S B, Burt R S, et al. Not so different after all: A cross-discipline view of trust[J]. Academy of Management Review, 1998, 23(3): 393-404.

[306] Ryu S, Ho S H, Han I. Knowledge sharing behavior of physicians in hospitals[J]. Expert Systems with Applications, 2003, 25(1): 113-122.

[307] Sang H K. Moderating effects of job relevance and experience on mobile wireless technology acceptance: Adoption of a smartphone by individuals[J]. Information & Management, 2008, 45(6): 387-393.

[308] Sarason, Levine I G, Basham H M, et al. Assessing social support: The Social Support Questionnaire.[J]. Journal of Personality and Social Psychology, 1983.

[309] Savicki V, Kelley M. Computer mediated communication: Gender and group composition[J]. CyberPsychology & Behavior, 2000, 3(5): 817-826.

[310] Schumacker R E, A beginner's guide to structural equation modeling[M]. New Jersey: Lawrence Erlbaum Associates Inc.,1996: 119-136

[311] Shao, Guosong. Understanding the appeal of user‐generated media: a uses and gratification perspective[J]. Internet Research Electronic Networking Applications & Policy, 2009, 19(1): 7-25.

[312] Sheth J N, Newman B I, Gross B L. Why we buy what we buy: A theory of consumption values[J]. Journal of Business Research, 1991, 22(2): 159-170.

[313] Shi N, Cheung C M K, Lee M K O, et al. Gender differences in the

continuance of online social networks[C]// World Summit on Knowledge Society. Springer Berlin Heidelberg, 2009: 216-225.

[314] Shiau W L, Luo M M. Continuance intention of blog users: the impact of perceived enjoyment, habit, user involvement and blogging time[J]. Behaviour & Information Technology, 2013, 32(6): 570-583.

[315] Shiau W, Chau P Y K. Understanding blog continuance: a model comparison approach[J]. Industrial Management & Data Systems, 2012, 112(4): 663-682.

[316] Shin D H. What makes consumers use VoIP over mobile phones? Free riding or consumerization of new service[J]. Telecommunications Policy, 2012, 36(4): 311-323.

[317] Shin Y, Jeon H, Choi M. Analysis on the mobil IPTV adoption and moderator effect using extended TAM model[C]// Fourth International Conference on Networked Computing and Advanced Information Management. IEEE Computer Society, 2008: 220-225.

[318] Short J, Williams E, Christie B. The social psychology of telecommunications[J]. Contemporary Sociology, 1976, 7(1): 32.

[319] Sitkin S B, Weingart L R. Determinants of risky decision-making behavior: A test of the mediating role of risk perceptions and propensity[J]. Academy of Management Journal, 1995, 38(6): 1573-1592.

[320] Slovic P. Perception of risk[J]. Science, 1987, 236(4799): 280-285.

[321] Smith A, Moutinho L. Modelling bank customer satisfaction through mediation of attitudes towards human and automated banking[J]. International Journal of Bank Marketing, 2000, 18(3): 124-134.

[322] Song G, Zhou X, Wang Y, et al. Influence maximization on large-scale mobile social network: A divide-and-conquer method[J]. Parallel & Distributed Systems IEEE Transactions on, 2015, 26(5): 1379-1392.

[323] Song R, Liu H, Wen J R, et al. Learning block importance models for web pages[J]. ACM, 2004.

[324] Sonnenwald D H. Challenges in sharing information effectively: Examples from command and control.[J]. Information Research An International Electronic Journal, 2006, 11(4).

[325] Spink A, Cole C, Spink A, et al. New directions in human information behavior[J]. Journal of the American Society for Information Science & Technology, 2007, 58(10): 1553-1553.

[326] Spiro Kiousis. Public trust or mistrust? Perceptions of media credibility in the information age[J]. Mass Communication & Society, 2001, 4(4): 381-403.

[327] Stafford J A. Creating and using software architecture documentation using web-based tool support[J]. 2004.

[328] Steinfield C, DiMicco J M, Ellison N B, et al. Bowling online: Social networking and social capital within the organization[J]. In Proceedings of the fourth International conference on Communities and Technologies, 2009: 245-254.

[329] Stone R N, Grønhaug K. Perceived risk: Further considerations for the marketing discipline[J]. European Journal of Marketing, 1993, 27(3): 39-50.

[330] Sun Y, Liu L, Peng X, et al. Understanding Chinese users' continuance intention toward online social networks: an integrative theoretical model[J]. Electronic Markets, 2014, 24(1): 57-66.

[331] Sweeney J C, Soutar G N, Johnson L W. Retail service quality and perceived value: A comparison of two models[J]. Journal of Retailing and Consumer Services, 1997, 4(1): 39-48.

[332] Sweeney J C, Soutar G N. Consumer perceived value: The development of a multiple item scale[J]. Journal of Retailing, 2001, 77(2): 203-220.

[333] Syn S Y，Oh S. Why do social network site users share information on Facebook and Twitter?[J]. Journal of Information Science，2015，41(5): 67-74.

[334] Taylor S, Todd P A. Understanding information technology usage: A test

of competing models[J]. Information systems research, 1995, 6(2): 144-176.

[335] Taylor S, Todd P. An Integrated model of waste management behavior a test of household recycling and composting intentions[J]. Environment & Behavior, 1995, 27(5): 603-630.

[336] Taylor S, Todd P. Decomposition and crossover effects in the theory of planned behavior: A study of consumer adoption intentions[J]. International Journal of Research in Marketing, 1995, 12(2): 137-155.

[337] Terry D J, O'Leary J E. The theory of planned behaviour: the effects of perceived behavioural control and self-efficacy.[J]. British Journal of Social Psychology, 1995, 34 (Pt 2)(2): 199.

[338] Thomas Claburn. Google Defines Social Strategy[J]. Information Week, May 6, 2011.

[339] Thong J Y L, Hong S J, Tam K Y. The effects of post-adoption beliefs on the expectation-confirmation model for information technology continuance[J]. International Journal of Human - Computer Studies, 2006, 64(9): 799-810.

[340] Trevino L K, Webster J. Flow in computer-mediated communication: Electronic mail and voice mail evaluation and impacts.[J]. Communication Research, 1992, 19(5): 539-573.

[341] Tseng S M. Exploring the intention to continue using web-based self-service[J]. Journal of Retailing & Consumer Services, 2015, 24: 85-93.

[342] Venkatesh V, Bala H. Technology acceptance model 3 and a research agenda on interventions[J]. Decision Sciences, 2010, 39(2): 273-315.

[343] Venkatesh V, Davis F D. A Theoretical extension of the technology acceptance model: Four longitudinal field studies[J]. Management Science, 2000, 46(2): 186-204.

[344] Venkatesh V, Morris M G, Davis G B, et al. User acceptance of information technology: Toward a unified view[J]. Mis Quarterly, 2003, 27(3): 425-478.

[345] Verplanken B. Beyond frequency: habit as mental construct[J]. British Journal of Social Psychology, 2006, 45(3): 639-656.

[346] Venkatesh. Determinants of perceived ease of use: Integrating control, intrinsic motivation, and emotion into the technology acceptance model[J]. Social Science Electronic Publishing，2000.

[347] Wang V, Strong M G. User acceptance of information technology: Toward a unified view[J]. MIS quarterly, 2007 425-478.

[348] Wang Y S, Lin H H, Luarn P. Predicting consumer intention to use mobile service[J]. Information Systems Journal, 2006, 16(2): 157–179.

[349] Wang Y, Cong G, Song G, et al. Community-based greedy algorithm for mining top-K influential nodes in mobile social networks[C]// ACM SIGKDD international conference on knowledge discovery and data mining. ACM, 2010: 1039-1048.

[350] Wang Y, Min Q, Han S. Understanding the effects of trust and risk on individual behavior toward social media platforms: A meta-analysis of the empirical evidence[J]. Computers in Human Behavior, 2016, 56(C): 34-44.

[351] Wang Y, Tang J, Jin Q, et al. On studying business models in mobile social networks based on two-sided market (TSM)[J]. Journal of Supercomputing, 2014, 70(3): 1297-1317.

[352] Wasko M L, Molly, Faraj, et al. Why should i share? Examining social capital and knowledge contribution in electronic networks of practice[J]. MIS Quarterly, 2005.

[353] Webster J, Watson R T. Analyzing the past to prepare for the future: Writing a literature review[J]. MIS quarterly, 2002: xiii-xxiii.

[354] Wellman B. For a social network analysis of computer networks: a sociological perspective on collaborative work and virtual community[M]. 1996: 1-11.

[355] Wenger E. Communities of practice: Learning, meaning and identity[M]. Cambridge: Cambridge University Press,1998.

[356] Wigfield A, Eccles J S. The development of achievement task values: A theoretical analysis[J]. Developmental Review, 1992, 12(3): 265-310.

[357] Wijnhoven F. Knowledge logistic in business contests: Analyzing and diagnosing knowledge sharing by logistic concepts[J]. Knowledge & Process Management, 1998, 5(3): 143-157.

[358] William DeLone, Ephraim R. McLean. Information systems success: The quest for the independent variables[J]. Information Systems Research, 1992, 3(1): 60-95.

[359] William Hampton Sosa, Marios Koufaris. The effect of web site perceptions on initial trust in the owner company[J]. International Journal of Electronic Commerce, 2005, 10(1): 55-81.

[360] Wixom B H, Todd P A. A theoretical integration of user satisfaction and technology acceptance[J]. Information Systems Research, 2005, 16(1): 85-102.

[361] Woodruff R B. Customer value: the next source for competitive advantage[J]. Journal of the Academy of Marketing Science, 1997, 25(2): 139-153.

[362] Wu H L. Utilitarian and hedonic values of social network services[C]// Americas conference on information systems, Amcis 2009, San Francisco, California, Usa, August. DBLP, 2009: 289-299.

[363] Xiao-Ling Jin, Matthew K O Lee, Christy M K. Cheung. Predicting continuance in online communities: model development and empirical test[J]. Behaviour & Information Technology, 2010, 29(4): 383-394.

[364] Xu J, Kang Q, Song Z, et al. Applicatons of mobile social media: WeChat among academic libraries in China[J]. Journal of Academic Librarianship, 2015, 41(1): 21-30.

[365] Yoo B, Donthu N. Developing a scale to measure the perceived quality of an Internet shopping site (SITEQUAL)[J]. Quarterly Journal of Electronic Commerce, 2001, 2(1): 31-45.

[366] Yoo B, Donthu N. Developing and validating a multidimensional

consumer-based brand equity scale[J]. Journal of Business Research, 2001, 52(1): 1-14.

[367] Yoo K H, Gretzel U. Influence of personality on travel-related consumer-generated media creation[J]. Computers in Human Behavior, 2011, 27(2): 609-621.

[368] Yoon C. The effects of national culture values on consumer acceptance of e-commerce: Online shoppers in China[J]. Information & Management, 2009, 46(5): 294-301.

[369] Zeithaml V A. Consumer perceptions of price, quality, and value: A means-end model and synthesis of evidence[J]. Journal of Marketing, 1988, 52(3): 2-22.

[370] Zhang B, Wang Y, Vasilakos A V, et al. Mobile social networking: reconnect virtual community with physical space[J]. Telecommunication Systems, 2013, 54(1): 91-110.

[371] Zhao K, Stylianou A C, Zheng Y. Predicting users' continuance intention in virtual communities: The dual intention-formation processes[J]. Decision Support Systems, 2013, 55(4): 903-910.

[372] Zhao L, Lu Y, Zhang L, et al. Assessing the effects of service quality and justice on customer satisfaction and the continuance intention of mobile value-added services: An empirical test of a multidimensional model[J]. Decision Support Systems, 2012, 52(3): 645-656.

[373] Zhou T, Li H, Liu Y. The effect of flow experience on mobile SNS users' loyalty[J]. Industrial Management & Data Systems, 2010, 110(6): 930-946.

[374] Zhou T, Lu Y, Wang B. Integrating TTF and UTAUT to explain mobile banking user adoption[J]. Computers in Human Behavior, 2010, 26(4): 760-767.

[375] Zhou T, Lu Y. Examining mobile instant messaging user loyalty from the perspectives of network externalities and flow experience[J]. Computers in Human Behavior, 2011, 27(2): 883-889.

附录1 移动社交媒体环境下用户持续信息共享行为访谈大纲

尊敬的_____先生/女士：

　　您好！

　　这是一份探讨"移动社交媒体环境下用户持续信息共享行为"的学术研究。本研究的目的是希望通过收集移动社交媒体用户持续信息共享体验，深入了解用户持续信息共享的初衷。

　　诚挚地希望您能分享宝贵的使用资料与心得，为本研究提供参考，将会对本研究产生极大的帮助。以下是本研究访谈大纲，请您参考；另外，访谈过程中产生的任何资料都仅用于学术研究，并且访谈结果也会采取匿名的方式呈现，不会出现任何泄露，请您安心接受访谈。

一、背景资料

（1）您的性别：男□　　　　　　女□

（2）您的年龄：

（3）您的职业：

（4）您使用网络的年限为：

（5）您的文化程度（　　　）

A.高中/中专及以下　　　　　　B.大专

C.本科　　　　　　　　　　　　D.硕士及以上

（6）您使用移动社交媒体进行持续信息共享的年限为（　　　）。

　A.未使用　　　　　　B.半年及以下　　　　C.一年左右

　D.2年左右　　　　　E.2年以上

（7）您使用移动社交媒体进行信息共享的频率是（　　　）。

A.每天都会使用　　　B.每周使用若干次　　　C.每月使用若干次

D.很少使用，遇到特殊需求才会使用　　　　　E.从不使用或极少使用

二、访谈大纲

以访谈提纲为指引，根据用户回答情况进行追问，如追问"为什么？""是否能详细说明一下""还有其他需要补充的吗？"。

（1）如果您未使用或极少使用移动社交媒体，请说明原因（已经使用者不用回答此问题）。

（2）什么原因会阻碍您使用移动社交媒体持续共享信息？请按原因从重要到次要的顺序说明一下。

（3）人们持续共享信息的动机非常复杂，包括自我需求、线上地位、互惠关系、寻找相同爱好者、群体需求、归属感等，请问您在移动社交媒体上持续共享信息的动机如何？

（4）您为什么选择在移动社交媒体上共享信息（而非其他渠道）？您希望通过信息共享获得什么样的收益（物质方面还是精神方面）？是否经常在移动社交媒体上共享信息？

（5）您是否愿意在移动社交媒体上长久地共享信息？您出于什么样的原因或想法愿意持续共享信息？您是否可以描述一下可能的原因？

（6）请问哪些信息是您不想共享在移动社交媒体上的？（例如个人或亲友的身份资料、内心的情绪或感受、工作内容等）或者只共享/不共享给某些特定的人？（例如亲密朋友、父母、领导等）为什么？

附录2 移动社交媒体环境下用户持续信息共享行为研究正式调查问卷

尊敬的先生/女士：

您好！感谢您参与此次调查。此问卷的调查目的是探究影响移动社交媒体环境下用户持续信息共享行为的因素，以期改进移动社交媒体的相关功能，烦请按实际情况填写。本次问卷调研大约需要15分钟。另外，本问卷调查过程中产生的任何资料都仅用于学术研究，并且问卷结果也会采取匿名的方式呈现，不会出现任何信息泄露，请您安心接受问卷调查。所填写的答案无对、错之分，只要按照您真实的想法和态度填写即可。如您对本研究感兴趣或需要本研究数据，可与本人联系。

术语解释：

移动社交媒体指基于移动互联网提供的以交友、维护社会网络为主要目的的网络平台，主要有微信、手机QQ、手机人人网、手机开心网、移动微博、陌陌、米聊等，您可以随时随地通过手机、平板电脑等移动设备，由客户端或网页访问移动社交媒体。

信息共享是将个人所获得的信息或自己当前的感受和经历再提供给他人的一种过程，一种发生在网络或社区之中的社会行为，这种行为通常是一种自愿性的行为，目的是让他人也能与自己一样拥有共同的信息。

课题研究组

第一部分 基本信息

1.您的性别是（   ）。

A.男　　　　　　　　B.女

2.您的年龄为（   ）。

A.18岁及18岁以下　　　B.19～25岁　　　C.26～30岁

D.31～35岁　　　　　　E.36～40岁　　　F.40岁以上

3.您的学历为（　　　）。

A.高中以下　　　　　　　　B.大专　　　　　　C.本科

D.硕士　　　　　　　　　　E.博士

4.您的职业为（　　　）。

A.学生　　　　　　　　　　B.教师　　　　　　C.企事业单位员工

D.政府员工　　　　　　　　E.其他

5.您是否具有计算机专业背景（　　　）。

A.是　　　　　　　　　　　B.否

6.您使用移动社交媒体共享信息的年限为（　　　）。

A.1 年以下　　　　B.1～2 年　　　C.2～3 年　　　D.3 年以上

7.您参与移动社交媒体信息共享活动的频率是（　　　）。

A.每天　　　　　　B.每周若干次　　　　　　C.每月若干次

8.您单次登录移动社交媒体共享信息的持续时间是多久？（　　　）

A.半个小时以下　　B.半个小时至一个小时　　C.1～2 小时

D.2～3 小时　　　　E.3 小时以上

第二部分　移动社交媒体环境下用户持续信息共享行为各维度影响因素

编码	测量题项	非常不同意	不同意	有点不同意	不确定	有点同意	同意	非常同意
CON1	使用移动社交媒体进行信息共享的经历比我预期的要好	1	2	3	4	5	6	7
CON2	通过信息共享给我带来的好处超过了我的预期							
CON3	整体来说，我对使用移动社交媒体信息共享的大多数期望都被确认							
PU1	移动社交媒体信息共享过程可以让我认识很多朋友							
PU2	移动社交媒体给我提供了一个信息持续共享的平台							
PU3	我发现参与移动社交媒体中进行信息共享对我的个人生活或工作是有用的							

编码	测量题项	非常不同意	不同意	有点不同意	不确定	有点同意	同意	非常同意
PV1	我认为使用移动社交媒体完成信息共享是一件很有趣的事情							
PV2	我认为通过移动社交媒体共享信息帮助其他用户解决信息需求问题让我感觉很好							
PV3	持续信息共享有助于我获得更多的积分或提升用户级别							
PV4	用户持续信息共享有助于社区对我的认可							
SF1	我具备使用移动社交媒体软件的知识和技能							
SF2	即使没有人帮助,我也有信心使用该移动社交媒体进行信息共享活动							
SF3	即使没有操作指南可以参考,我也有信心使用该移动社交媒体进行信息共享活动							
SA1	通过移动社交媒体进行信息共享能够满足我的各种需求(信息交流、娱乐性、社交需求等)							
SA2	整体而言,我认为该移动社交媒体的信息共享服务是成功的							
SA3	我对参与此移动社交媒体信息共享的经历感到满意							
FE1	共享信息时,我感觉时间过得特别快							
FE2	共享信息时,我所有的注意力都集中在这件事情上							
FE3	共享信息时,我完全被这件事吸引住了							
FE4	当我在移动社交媒体中共享信息时,似乎没有什么事情能影响我							
MSC1	我能够随时随地登录移动社交媒体共享信息							
MSC2	当我想要使用移动社交媒体共享信息时,就可以很方便地实现							
MSC3	移动社交媒体可以借助人际网络将信息资源快速传递给更多用户							
MSC4	我可以轻易地在排队、候车、乘车等情况下使用移动社交媒体共享信息							

续表

编码	测量题项	非常不同意	不同意	有点不同意	不确定	有点同意	同意	非常同意
PR1	使用移动社交媒体共享信息可能带来不可预知的后果							
PR2	使用移动社交媒体共享信息具有较大的风险							
PR3	移动社交媒体或服务提供方可能中断服务							
PR4	我很担心其他人会在不被允许的情况下访问到我的个人信息							
IQ2	我觉得移动社交媒体上能够共享和浏览丰富的文字、图片、视频等内容							
IQ3	我觉得在移动社交媒体上我的好友们发布的信息是准确的、多数人认可的							
IQ4	移动社交媒体中的文字、图片、视频等内容可以很好地在移动设备屏幕上显示							
SQ1	大多数情况下，移动社交媒体都能正常登录使用							
SQ2	我认为移动社交媒体的设计很适应在移动设备（如智能手机）环境下（屏幕小、键盘操作不灵活、处理速度慢）进行信息共享活动							
SQ3	移动社交媒体信息共享服务提供的功能很丰富，可以满足我的要求							
SQ4	我认为使用移动社交媒体进行信息共享时响应速度很快							
SN1	对我有重要影响的人（如亲人、朋友、同事）认为使用移动社交媒体信息共享是个好主意							
SN2	由于大众传媒的宣传，我会考虑使用移动社交媒体进行信息共享							
SN3	对我有重要影响的人（如亲人、朋友、同事）使用了移动社交媒体进行信息共享，我也会使用							
SN4	使用移动社交媒体共享信息是社会潮流，所以我会用							
PT1	我认为我所使用的移动社交媒体能够向我提供长期和稳定的信息共享服务							

编码	测量题项	非常不同意	不同意	有点不同意	不确定	有点同意	同意	非常同意
PT2	我相信我所使用的移动社交媒体会保护我的个人资料（或我曾经共享过相关信息）							
PT3	我相信我在移动社交媒体信息共享过程是安全和值得信赖的							
PT4	我认为我在移动社交媒体信息共享的使用体验是在不断改进的							
HA1	在移动社交媒体中共享信息是我经常做的事							
HA2	如果需要共享信息，我会自觉地使用移动社交媒体							
HA3	我已经习惯于在移动社交媒体中共享信息							
HA4	我会自然而然地在移动社交媒体中共享信息							
SC1	使用移动社交媒体持续共享信息可以加强与现实中朋友或同事的关系							
SC2	移动社交媒体信息共享和传统信息交流可以实现线上线下共同互动交流信息							
SC3	通过移动社交媒体共享信息可以结识新的朋友并与其交流沟通							
SC4	使用移动社交媒体共享信息可以让我拥有归属感、尊敬与被照顾的感受							
CI1	我将继续在移动社交媒体中共享信息，而非停止共享							
CI2	我不会选择其他媒体共享信息，会继续在移动社交媒体中共享							
CI3	我仍将保持或是增加共享的频率							
CI4	条件允许的情况下，我打算继续将信息在移动社交媒体中共享							
CB1	过去几个月中，我经常在移动社交媒体上共享信息							
CB2	在移动社交媒体上完成第一次信息共享后，我仍会继续在移动社交媒体上共享信息							

编码	测量题项	非常不同意	不同意	有点不同意	不确定	有点同意	同意	非常同意
CB3	我经常利用闲暇时间在移动社交媒体上共享信息							
CB4	我在移动社交媒体上持续共享信息的时间超过了 6 个月							

本问卷到此结束，请您再检查一遍，是否有遗漏未填之处，谢谢您提供的宝贵经验！